百味人生 5

BAIWEI RENSHENG

主编 刘颖异

编者的话

亲爱的同学，当你打开这本书时，你就开启了一段惬意的旅程。从相遇、相知，到相伴前行，淡淡的书香将一直萦绕在你身边。

在初中语文教材里，你会读到许多名篇佳作，你将会沉浸在充满智慧、有温度的文字世界中，语文素养自然会得到提升。面对神秘奇幻的自然、日新月异的世界、渐趋丰盈的人生，每册教材中的二十几篇课文，恐怕很难再满足你的阅读需求，你的阅读理应更广泛、更自由、更专业。如何让课内外读物有机融合成滋养你成长的沃土？如何让点滴的阅读收获汇聚成助推你遨游书海的动力？我们汇聚全国各地的名师，在研读教材的基础上精选文章，设计帮你实现高效阅读、自主学习的平台和支架……

于是，便有了摆在你面前的这本书。

这本书分为经典诵读、单元学习、整本书阅读三个板块。

第一个板块是“经典诵读”，所选古诗词历久弥新。针对诗词中可能会给你造成阅读障碍的生字难词，我们加注了读音和注释，且辅以专业诵读音频供你赏听以及鉴赏资料供你查阅。希望你能利用每天的晨读或其他课余时间反复诵读，持之以恒，假以时日，定能厚积薄发。

第二个板块是“单元学习”，我们精心挑选了一组与课文主题相关的文章，组合成一个阅读单元，让你在学习课文的基础上拓展阅读更多佳作；针对教材中的每个写作主题，我们也选取了相应的文章（含片段）组成单元，为你的写作指引方向或触发灵感。其中“范文阅读”“组文阅读”“自由阅读”和“类文阅读”四个小标签可提示你采用不同的方式进行阅读。选文之外还附有单元导语、旁批、学习提示、单元学习任务等助读工具，为你的自主阅读提供助力。

带有“范文阅读”标签的文章最贴近教读课文的学习要点，你可以在学过教读课文后，参看这些范文中的旁批和文后的学习提示进行阅读，习得课内所学。

带有“组文阅读”标签的文章都与教读课文主题相关，帮助你在多篇文章的比较阅读中拓宽视野、发展思维、形成能力。阅读时，你可以参看文后的单元学习任务，运用阅读所得解决实际问题，提升语言文字的实际运用能力。

带有“自由阅读”标签的文章与自读课文相关联，你可以根据自己的需要、兴趣自主选择阅读，多读、少读、深读、浅读皆可，如能养成边读边做批注的习惯，你会邂逅更多精彩与惊喜。

带有“类文阅读”标签的是一组与单元写作要求相匹配的文章。这组文章的首篇附有旁批，配合单元写作重点为你的写作实践提供技巧点拨。

第三个板块是“整本书阅读”，推荐书目多为《义务教育语文课程标准（2011版）》中建议初中生阅读的名著。我们设计了“阅读导航”“精彩选篇”“阅读规划”“交流平台”等助读工具，若能激发你的阅读兴趣，为你提供科学的方法指导，助你养成主动阅读整本书的习惯，我们将由衷地感到欣慰。

愿这本书能陪伴着你在阅读的黄金时期，与经典交流，与大师对话，帮助你积累知识，开阔视野，丰富心灵，培育精神，做睿智、优雅的人！

顾之川

经典诵读

第一单元　仁爱之心

范文阅读

组文阅读

第二单元　自由之灵

自由阅读

第三单元　生灵有情

范文阅读

组文阅读

第四单元　如何突出中心

类文阅读

整本书阅读

在经典中浸润，在诗海中徜徉，让心灵开始一次雅韵悠长的旅程。从《诗经》到宋词，从田园到边塞，从婉约到豪放，从现实主义到浪漫主义……那些作品，或率真质朴，或清幽缠绵，或慷慨刚健，或隽永蕴藉，寄托了中华儿女的家国情怀，传承着博大精深的中华文明。

有了诗词的濡染，我们的学习自当渐入佳境；有了经典的浸润，我们的生活定会异彩纷呈。

扫码收听朗诵音频

1.江　村

⊙〔唐〕杜甫

清江[①]一曲抱[②]村流，长夏江村事事幽。

自去自来梁上燕，相亲相近水中鸥。

老妻画纸为棋局[③]，稚子敲针作钓钩[④]。

但有故人供禄米[⑤]，微躯[⑥]此外更何求？

赏析

这首诗作于唐肃宗上元元年（760）的夏天，写的是杜甫在成都草堂的闲适生活。这时，杜甫靠着亲友的资助，在成都的浣花溪畔得到了一个安家之地，建成了草堂数间，生活比较安定，再加上浣花溪畔幽美安静的环境，使饱经忧患的杜甫，心情暂时轻松起来，这首诗就表现了他这种悠然自得的心情。在杜甫的诗集中，这种轻松愉快、潇洒流畅的作品是不多见的。

---

① 清江：清澈的江水。

② 抱：环绕。

③ 画纸为棋局：把棋盘画在纸上。

④ 钓钩：鱼钩。

⑤ 禄米：生活用度。

⑥ 微躯：谦辞，微贱的身体，作者自指。

扫码收听朗诵音频

2. 戏为六绝句（其二）

⊙〔唐〕杜甫

王杨卢骆[1]当时体[2]，轻薄为文哂[3]未休。
尔曹[4]身与名俱灭，不废[5]江河万古流。

赏析

《戏为六绝句》是杜甫针对当时文坛上一些人存在贵古贱今、好高骛远的习气而写的，它反映了杜甫反对好古非今的文学批评观点。本诗是《戏为六绝句》中的第二首，诗中既明确地肯定了王、杨、卢、骆“初唐四杰”的文学贡献和地位，又告诫那些轻薄之徒不要一叶障目而讥笑王、杨、卢、骆，他们的诗文将传之久远，其历史地位也是不容抹杀的。

① 王杨卢骆：即王勃、杨炯、卢照邻、骆宾王，世称“初唐四杰”。

② 当时体：初唐那个时代的文体。

③ 哂（shěn）：讥笑。

④ 尔曹：你们。蔑称，指哂笑的人们。

⑤ 不废：不影响。

3. 登乐游原①

⊙〔唐〕李商隐

向晚②意不适③，驱车登古原④。
夕阳无限好，只是近黄昏。

此诗前两句“向晚意不适，驱车登古原”点明登古原的时间和原因。“向晚”指天色快黑了，“不适”指不悦。诗人心情忧郁，为了解闷，就驾着车子外出眺望风景，于是登上古原，即乐游原。后两句“夕阳无限好，只是近黄昏”是说：夕阳下的景色无限美好，只可惜已接近黄昏。“无限好”是对夕阳下的景象的热烈赞美。然而“只是”二字笔锋一转，转到深深的哀伤之中，这是诗人因无力挽留美好事物所发出的深长慨叹。这两句近于格言式的慨叹，不仅是诗人对夕阳下的自然景象而发，也是对自己和时代所发出的感叹，其中也含有爱惜光阴的积极意义。

① 乐游原：唐代长安（今陕西西安）附近的名胜，登原后能眺望整个长安城。
② 向晚：傍晚。
③ 不适：不悦，不快。
④ 古原：指乐游原。

扫码收听朗诵音频

4. 寄酬韩冬郎兼呈畏之员外[1]

⊙〔唐〕李商隐

十岁裁诗[2]走马成[3]，冷灰[4]残烛动离情。
桐[5]花万里丹山[6]路，雏凤[7]清[8]于老凤[9]声。

赏析

唐宣宗大中五年（851）秋末，李商隐离京到梓州（治所在今四川三台）赴任，当时韩偓（韩冬郎）才十岁，就能够在别宴上即席赋诗，才华惊动在座宾客。大中十年（856），李商隐返回长安，重吟韩偓题赠的诗句，追忆往事，写了两首七绝酬答，这是其中的第一首。诗人运用比喻的手法，将冬郎父子比作凤，以“雏凤清于老凤声”表明青出于蓝而胜于蓝，将抽象的道理转化为具体的形象。

---

① 全诗原题为：“韩冬郎即席为诗相送，一座尽惊。他日余方追吟‘连宵侍坐徘徊久’之句，有老成之风，因成二绝寄酬，兼呈畏之员外。”韩冬郎，即唐代诗人韩偓，小名冬郎。畏之员外，指韩偓的父亲韩瞻，字畏之，是李商隐的故交和连襟。

② 裁诗：作诗。

③ 走马成：形容诗思敏捷，像跑马一样迅速做成。

④ 冷灰：指烛芯的灰烬。

⑤ 桐：梧桐，传为凤凰所栖的树。

⑥ 丹山：传说中出产凤凰的仙山。

⑦ 雏凤：晋陆云幼时，闵鸿奇其才，说：“此儿若非龙驹，当是凤雏。”此借指韩偓。

⑧ 清：鸣声清亮，比喻诗歌清丽、新颖。

⑨ 老凤：喻指韩瞻。

扫码收听朗诵音频

5. 陇西行（其二）[①]

⊙〔唐〕陈陶

誓扫匈奴[②]不顾身，五千貂锦[③]丧胡尘。
可怜无定河[④]边骨[⑤]，犹是春闺梦里人[⑥]。

① 陇西行：乐府旧题，属《相和歌辞·瑟调曲》。前人之作多言征战艰苦，闺中怨思。陇西，指今甘肃、宁夏陇山以西地区。

② 匈奴：此处借指当时进犯西北边境的少数民族。

③ 貂锦：穿貂裘锦衣的将士，汉代羽林军曾穿此种服饰，此处借指精锐部队。

④ 无定河：黄河中游支流，在陕西北部，流经沙漠和黄土高原，河水含沙量大，因其溃沙急流，深浅不定，故名。

⑤ 骨：战士的尸骨。

⑥ 春闺梦里人：春天闺中少妇梦中依然想着的丈夫。

陈陶的《陇西行》共四首，这是第二首，是唐代边塞诗中的名篇，脍炙人口，流传广泛，影响深远。诗中前两句写战士奋勇杀敌，“誓扫”“不顾”表现了唐军将士忠勇敢战的气概和献身精神。部队如此精良，战死者达五千之众，足见战斗之激烈和伤亡之惨重。“可怜”一转，逼出正意：战死将士已成无定河边的枯骨，他们的妻子却深信自己的丈夫还活着，还能在梦中与丈夫相逢。“河边骨”和“梦里人”构成强烈对比，动人心魄，妙语天成。王世贞《艺苑卮言》卷四赞此诗后二句云：“用意工妙至此，可谓绝唱矣。”

此诗意在反映唐代长期的边塞战争给人民带来的痛苦和灾难。明代杨慎《升庵诗话》认为，此诗化用了汉代贾捐之《议罢珠崖疏》“父战死于前，子斗伤于后，女子乘亭鄣，孤儿号于道，老母寡妇饮泣巷哭，遥设虚祭，想魂乎万里之外”的文意，称它“一变而妙，真夺胎换骨矣”。贾文着力渲染孤儿寡母遥祭追魂，痛哭于道的悲哀气氛，写得沉痛而富有情致。文中写家人“遥设虚祭”“想魂”，显然已知征人战死。而陈陶诗中的少妇则深信丈夫还活着，丝毫不疑其已经死去，几番梦中相逢，诗意更为深挚。这两句虚实相对，荣枯迥异，产生强烈的艺术效果。

扫码收听朗诵音频

6. 呈寇公（其一）①

⊙〔宋〕蒨桃

一曲清歌一束绫，美人犹自意嫌轻②。

不知织女③萤窗下，几度抛梭织得成。

赏析

寇准是一位比较正直、有功于国的大臣，但生活上非常豪华奢侈。在一次宴会上，寇准把束绫赠给一位歌女，歌女却并不满意，反而嫌寇准赏赐得太少了。蒨桃看到这件事，就写了两首诗讽刺寇准。一曲清歌便抵得过一束绫，而这束绫却是织女在织机旁几度辛苦才织成的，对比鲜明。诗从字面上看是批评歌女，但实际上是给滥赏歌女的寇准以曲笔批评。全诗出语坦率，表现出蒨桃对不合理的社会现象的指责和对织女的同情。

① 原诗二首，此选其一。寇公，即北宋名相寇准。

② 意嫌轻：嫌礼物轻。

③ 织女：指织绫的女子。

扫码收听朗诵音频

7. 小重山

⊙〔宋〕岳飞

昨夜寒蛩[①]不住鸣。惊回千里梦，已三更。起来独自绕阶行。人悄悄，帘外月胧明[②]。

白首为功名。旧山[③]松竹老，阻归程。欲将心事付瑶琴[④]。知音少，弦断有谁听？

赏析

岳飞一生主张抗金北伐，遭到以宋高宗、秦桧为代表的投降派的排斥，忧患感、孤独感、失落感时常萦绕在他的心头。这首《小重山》就是在这种心境中写成的。

词的上片追写自己“昨夜”不得寐的情形。“千里梦”可以理解为作者在梦中征战四方，驰骋千里，也可以理解为作者在梦中越过千山万水，回到千里以外的老家。或者说，梦中兼有这两方面的内容。“人悄悄”两句，借景传情，强烈地渲染出词人的孤独感和悲凉感。下片直抒“知音少”的悲怆情怀。“白首为功名”，明确表露自己为了建收复失地之功，垂“精忠报国”之名，不惜出生入死。“旧山松竹老，阻归程”，深深慨叹收复中原的宏志大愿至今仍为泡影，朝思暮想的故乡也欲归不得。最后三句一意贯注，化用伯牙、子期的典故，淋漓尽致地倾吐了自己不被当政者理解、信任的怨愤心声。

---

① 蛩（qióng）：蟋蟀。

② 月胧明：月光微明。

③ 旧山：家乡的山，代指故乡。

④ 瑶琴：以玉为饰的琴。

扫码收听朗诵音频

8. 梅花九首（其一）

⊙〔明〕高启

琼姿只合在瑶台[①]，谁向江南处处栽？
雪满山中高士[②]卧，月明林下美人[③]来。
寒依[④]疏影萧萧[⑤]竹，春掩残香漠漠[⑥]苔。
自去何郎[⑦]无好咏，东风[⑧]愁寂几回开？

---

① 瑶台：神话传说中神仙居住的地方，位于昆仑山上。比喻极其华丽的楼台。
② 高士：高尚出俗之士。
③ 美人：指梅花。
④ 依：依附。
⑤ 萧萧：竹子摇曳时发出的声音。
⑥ 漠漠：密布的样子。
⑦ 何郎：指南朝梁诗人何逊，作有《扬州法曹梅花盛开》一诗。
⑧ 东风：春风。

《梅花九首》是高启作的一组集中写梅花的诗歌，寄托了他多年对梅花的爱慕，总结他多年对梅花的认识。本文所选的是其中的第一首。本诗属七律，首联提出一个令人大惑不解的疑问：它本应在缥缈的仙山上充任瑶台的琼玉，是谁把它栽到了江南的处处山林？这一疑问，写出了梅花特殊的身份——它在诗人心目中是一位超凡脱俗的神仙。颔联两句是歌咏梅花的千古名句，诗人首先把梅花比喻成一位孤高拔俗的隐士，面对冰天雪地的严寒，他却在漫山的皑皑雪野中酣然高卧，然而诗人似乎觉得这一比喻没有完全刻画出梅花的气韵和美丽，于是紧接着又把它比喻成月明林下的美人翩然而来。一静一动，相映和谐。颈联两句分承上联两句，意思是山间的苍苍秀竹，自不会放过与高士结交的机会，它们把自己萧萧竹声中的清寒，奉献给梅花的身影，好让那疏朗的梅影得了清寒的依附，更显得仪态高峻；山间的漠漠青苔也萌生爱怜美人之意，当梅花零落成泥之际，会将它的身骸好好珍藏。这两句的正常语序应为：“萧萧寒竹依疏影，漠漠春苔掩残香。”尾联两句由典及己，说自从何逊之后梅花便不逢知己，在一次次的东风里，不知要愁苦寂寞地开落多少回。言外之意，似乎近千年来只生出自己这样一个梅花的知音。

仁爱之心

在我们栖居的这个蔚蓝色的星球上，人类并不是唯一的子民。我们身边生活着各种各样的生灵，它们遵循着自己的规律，栖息、繁衍。我们人类曾走过一段自诩高贵的歧路，在付出代价之后，终于开始关注万物生灵，反思自我。有很多人自觉做到关爱其他生灵，成为我们的榜样；他们的仁爱之心闪烁着可贵的人性之光，也照亮了人类与自然和谐相处的未来之路。

阅读本单元文章，让我们继续练习默读。边读边思，注意勾画文中的重要语句或段落，学会做摘录；还要在把握段落大意、理清行文思路的基础上，学会概括文章的中心思想。

1. 牛

⊙叶圣陶

在乡下住的几年里，天天看见牛。可是直到现在还像显现在眼前的，只有牛的大眼睛。冬天，牛拴在门口晒太阳。它躺着，嘴不停地磋磨，眼睛就似乎比忙的时候睁得更大。牛眼睛好像白的成分多，那是惨白。我说它惨白，也许为了上面网着一条条血丝。我以为这两种颜色配合在一起，只能用死者的寂静配合着吊丧者的哭声那样的情景来相模拟。牛的眼睛太大，又鼓得太高，简直到了使你害怕的程度。我进院子的时候经过牛身旁，总注意到牛鼓着的两只大眼睛在瞪着我。我禁不住想，它这样瞪着，瞪着，会猛地站起身朝我撞过来。我确实感到那眼光里含着恨。我也体会出它为什么这样瞪着我，总距离它

作者选择牛最典型的特征进行描写，牛的眼睛"惨白""太大""鼓得太高"，给人害怕的感觉。

“不自在的意味”在本段中具体指什么？本文多次出现“不自在”，请注意体会其含义。

远远地绕过去。有时候我留心看它将会有什么举动，可是只见它呆呆地瞪着，我觉得那眼睛里似乎还有别的使人看了不自在的意味。

我们院子里有好些小孩，活泼，天真，当然也顽皮。春天，他们扑蝴蝶。夏天，他们钓青蛙。谷子成熟的时候到处都有油蚱蜢，他们捉了来，在灶膛里煨了吃。冬天，什么小生物全不见了，他们就玩牛。

好一个“把整个天地翻个身”！牛本身是力大且让人望而生畏的，但牛的实际境遇是怎样的呢？

有好几回，我见牛让他们惹得发了脾气。它绕着拴住它的木桩子，一圈儿一圈儿地转。低着头，斜起角，眼睛打角底下瞪出来，就好像这一撞要把整个天地翻个身似的。

孩子们是这样玩的：他们一个个远远地站着，捡些石子朝牛扔去。起先，石子不怎么大，扔在牛身上，那一搭皮肤马上轻轻地抖一下，像我们的嘴角动一下似的。渐渐地，捡来的石子大起来了，扔到身上，牛会掉过头来瞪着你。要是有个孩子特别胆大，特别机灵，他会到竹园里找来一根毛竹，伸得远远地去撩牛的尾巴，戳牛的屁股，把牛惹起火来。可是，我从未见过他们撩过牛的头。我想，即使是小孩，也从那双大眼睛看出使人不自在的意味了。

玩到最后，牛站起来了，于是孩子们“轰”的一声，四处跑散。这种把戏，我看得很熟很熟了。

有一回，正巧一个长工打院子里出来，他三十光景了，还像孩子似的爱闹着玩。他一把捉住个孩子，“莫跑，”他说，“见了牛都要跑，改天还想吃庄稼饭？”他朝我笑笑说，“真的，牛不消怕得，你看它有那么大吗？它不会撞人的。牛的眼睛有点不同。”

以下是长工告诉我的话。

“比方说，我们看见这根木头桩子，牛眼睛看来就像一根撑天柱。比方说，一块田十多亩，牛眼睛看来就没有边，没有沿。牛眼睛看出来的东西，都比原来大，大许多许多。看我们人，就有四金刚那么高，那么大。站到我们跟前它就害怕了，它不敢倔强，随便拿它怎么样都不敢倔强。它当我们只要两个指头就能捻死它，抬一抬脚趾拇就能踢它到半天云里，我们哈气就像下雨一样。那它就只有听我们使唤，天好，落雨，生田，熟田，我们要耕，它就只有耕，没得话说的。

你觉得长工说的话有没有道理？

你先生说对不对，幸好牛有那么一双眼睛。不然的话，还让你使唤啊，那么大的一个，力气又蛮，踩到一脚就要痛上好几天。对了，我们跟牛，五个抵一个都抵不住。好在牛眼睛看出来，我们一个抵它十几个。”

以后，我进出院子的时候，总特意留心看牛的眼睛，我明白了另一种使人看着不自在的意味。那黄色的浑浊的瞳仁，那老是直视前方的眼光，都带着恐惧的神情，这使眼睛里的恨转成了哀怨。站在牛的立场上说，如果能去掉这双眼睛，成了瞎子也值得，因为得到自由了。

点睛之笔，既有对牛不幸命运的同情和不敢抗争的愤怒，又有一种期待。你觉得这种期待是什么呢？

学习提示

叶圣陶先生以“牛的眼睛”为行文线索，从“我”、孩子们、长工的视角塑造了牛的艺术形象，表现了对旧中国那些奴性十足、愚昧麻木的人们的“哀其不幸、怒其不争”的愤怒、感慨，表达了希望他们摆脱不幸命运、争得生命自由的感情。以小见大，言近旨远。

在阅读过程中，请你边读边思考“不自在”的含义，画出重要语句，理清作者的思路，体会“牛”的象征意义，从而把握文章的中心思想。

2. 父亲的玳瑁

⊙王鲁彦

在墙脚根刷然溜过的那黑猫的影，又触动了我对于父亲的玳瑁的怀念。

净洁的白毛的中间，夹杂些淡黄的云霞似的柔毛，恰如透明的妇人的玳瑁首饰的那种猫儿，是被称为“玳瑁猫[①]”的。我们家里的猫儿正是那一类，父亲就给了它“玳瑁”这个名字。

在近来的这一匹玳瑁之前，我们还曾有过另外的一匹。它有着同样的颜色，得到了同样的名字，同是从我姊姊家里带来，一样地为我们所爱。

但那是我不幸的妹妹的玳瑁，它曾经和

① 玳瑁猫：对一种身上颜色混杂的猫的统称，而不是猫的品种。名字来源于海龟的一种——玳瑁，因其皮毛颜色与玳瑁海龟非常相似，故称为玳瑁猫。

她盘桓[1]了十二年的岁月。

而现在的这一匹，是属于父亲的。

交代了玳瑁的来历，为后文表现父亲和玳瑁之间的深挚感情蓄势。同时埋下伏笔，暗示了玳瑁是父亲的而非全家的宠物。

它什么时候来到我们家里，我不很清楚，据说大约已有三年光景了。父亲给我的信中，从来不曾提过它。在他的理智中，仿佛以为玳瑁毕竟是一匹小小的兽，比不上任何的家事，足以通知我似的。

但当我过年回到家里的时候，我看到了父亲和玳瑁的感情了。

每当厨房的碗筷一搬动，父亲在后房餐桌边坐下的时候，玳瑁便在门外"咪咪"地叫了起来。这叫声是只有两三声，从不多叫的。它仿佛在问父亲，可不可以进来似的。

边读边画出文中类似的父亲呼喊玳瑁的话语，并做摘抄，体会父亲与玳瑁之间的感情。

于是父亲就说了，完全像对什么人说话一样："玳瑁，这里来！"

我初到的几天，家里突然增多了四个人，玳瑁似乎感觉到热闹与生疏的恐惧，常不肯即刻进来。

"来吧，玳瑁！"父亲望着门外，不见它进来，又说了。

但是玳瑁只回答了两声"咪咪"，仍在

① 盘桓（huán）：逗留，徘徊。文中指共同生活、相处。

门外徘徊着。

“小孩一样，看见生疏的人，就怕进来了。”父亲笑着对我们说。

但是过了一会儿，玳瑁在大家的不注意中，已经跳到了父亲的膝上。

“哪，在这里了。”父亲说。

我们弯过头去看，它伏在父亲的膝上，睁着略带惧怯的眼望着我们，仿佛预备逃遁似的。

父亲立刻理会它的感觉，用手抚摩着它的颈背，说：“困吧，玳瑁。”他又转过来对我们说：“不要多看它，它像姑娘一样的呢。”

父亲此刻的言行表现出他对玳瑁深深的怜爱，现在你还认为在父亲心里，玳瑁仅仅是“一匹小小的兽”吗？你怎样理解上文中作者对父亲不提及玳瑁的猜测？

我们吃着饭，玳瑁从不跳到桌上来，只是静静地伏在父亲的膝上。有时鱼腥的气息引诱了它，它便偶尔伸出半个头来望一望，又立刻缩了回去。它的脚不肯触着桌。这是它的规矩，父亲告诉我们说，向来是这样的。

父亲吃完饭，站起来的时候，玳瑁便先走出门外。它知道父亲要到厨房里去给它预备饭了。那是真的，父亲从来不曾忘记过，他自己一吃完饭，便去给玳瑁添饭。玳瑁的饭每次都有鱼或鱼汤拌着。父亲自己这几年来对于鱼的滋味据说有点厌，但即使自己不吃，他每次上街去，总要给玳瑁带一些鱼来，而且给它储存着。

白天，玳瑁常在储藏东西的楼上，不常到楼下的房子里来。但每当父亲有什么事情将要出去的时候，玳瑁像是在楼上看着的样子，便溜到父亲的身边，绕着父亲的脚转了几下，一直跟父亲到门边。父亲回来的时候，它又像是在什么地方远远望着，静静地倾听着的样子，待父亲一跨进门限，它又在父亲的脚边了。它并不时时刻刻跟着父亲，但父亲的一举一动，父亲的进出，它似乎时刻在那里留心着。

“溜”“绕”“转”“跟”这些动词生动形象地写出了玳瑁对父亲的亲昵和依赖。默读时，边读边勾画描写玳瑁的语句，体会其中蕴含的情感。

晚上，玳瑁睡在父亲的脚后的被上，陪伴着父亲。

我们回家后，父亲换了一个寝室。他现在睡到弄堂门外一间从来没有人去的房子里了。

玳瑁有两夜没有找到父亲，只在原地方走着，叫着。它第一夜跳到父亲的床上，发现睡着的是我们，便立刻跳了出去。

正是很冷的天气。父亲记挂着玳瑁夜里受冷，说它恐怕不会想到他会搬到那样冷落的地方去的，而且晚上弄堂门又关得很早。

但是第三天的夜里，父亲一觉醒来，玳瑁已在床上睡着了，静静的，“咕咕”念着猫经。

半个月后，玳瑁对我也渐渐熟了。它不复躲避我。当它在父亲身边的时候，我伸出手去，轻轻抚摩着它的颈背，它伏着不动。然而它从不自己走近我。我叫它，它仍不来。就是母亲，她是永久和父亲在一起的，它也不肯走近她。父亲呢，只要叫一声“玳瑁”，甚至咳嗽一声，它便不晓得从什么地方溜出来了，而且绕着父亲的脚。

这段文字运用了什么手法？有什么好处？下文中还有类似的写法，请勾画出来并体会其作用。

有两次玳瑁到邻居家去游走，忘记了吃饭。我们大家叫着“玳瑁玳瑁”，东西寻找着，不见它回来。父亲却猜到它哪里去了。他拿着玳瑁的饭碗走出门外，用筷子敲着，只喊了两声“玳瑁”，玳瑁便从很远的邻屋上走来了。

“你的声音像格外不同似的，”母亲对父亲说，“只消叫两声，又不大，它便老远地听见了。”

“是哪，它只听我管的哩。”

对于寂寞地度着残年的老人，玳瑁所给

这句话应该如何理解？表达了作者对父亲怎样的情感？

予的是儿子和孙子的安慰，我觉得。

六月四日的早晨，我带着战栗的心重到家里，父亲只躺在床上远远地望了我一下，便疲倦地合上了眼皮。我悲苦地牵着他的手在我的面上抚摩。他的手已经有点生硬，不复像往日柔和地抚摩玳瑁的颈背那么自然。据说在头一天的下午，玳瑁曾经跳到他的身边，悲鸣着，父亲还很自然地抚摩着它，亲密地叫着“玳瑁”。而我呢，已经迟了。

细节描写，清晰地描绘了父亲临终前的情景，表现了父亲与玳瑁之间的亲密，烘托了“我”内心的悲痛和遗憾之情。

从这一天起，玳瑁便不再走进父亲的以及和父亲相连的我们的房子。我们有好几天没有看见玳瑁的影子。我代替了父亲的工作，给玳瑁在厨房里备好鱼拌的饭，敲着碗，叫着“玳瑁”。玳瑁没有回答，也不出来。母亲说，这几天家里人多，闹得很，它该是躲在楼上怕出来的。于是我把饭碗一直送到楼上。然而玳瑁仍没有影子。过了一天，碗里的饭照样地摆在楼上，只饭粒干瘪了一些。

玳瑁正怀着孕，需要好的滋养。一想到这，大家更觉焦虑了。

第五天早晨，母亲才发现给玳瑁在厨房预备着的另一只饭碗里的饭略略少了一些。

大约它在没有人的夜里走进了厨房。它应该是非常饥饿了。然而仍像吃不下的样子。

一星期后，家里的亲友渐渐少了。玳瑁仍不大肯露面。无论谁叫它，都不答应，偶然在楼梯上溜过的身影，显得憔悴而且瘦削，连那怀着孕的肚子也好像小了一些似的。

玳瑁的悲伤，通过它反常的行为和变化非常大的外形表现出来，朴实的语言传达出深刻的情感。

一天一天家里愈加冷清了。满屋里主宰着静默的悲哀。一到晚上，人还没有睡，老鼠便吱吱叫着活动起来，甚至我们房间的楼上也在叫着跑着。玳瑁是最会捕鼠的。当去年我们回家的时候，即使它跟着父亲睡在远一点的地方，我们的房间里从没有听见过老鼠的声音，但现在玳瑁就睡在隔壁的楼上，也不过问了。我们毫不埋怨它。我们知道它之所以这样的原因。

可怜的玳瑁。它不能再听到那熟识的亲密的声音，不能再得到那慈爱的抚摩，它是在怎样的悲伤啊！

联系上下文想一想，仅仅是玳瑁在悲伤吗？

三星期后，我们全家要离开故乡。大家预先就在商量，怎样把玳瑁带出来。但是离开预定的日子前一星期，玳瑁生了小孩了。我们看见它的肚子松瘪着。

怎样可以把它带出来呢？

然而为了玳瑁，我们还是不能不带它出来。我们家里的门将要全锁上。邻居们不会像我们似的爱它，而且大家全吃着素菜，不会舍得买鱼饲它。单看玳瑁的脾气，连对于母亲也是冷淡淡的，决不会喜欢别的邻居。

我们还是决定带它一道来上海。

它生了几个小孩，什么样子，放在哪里，我们虽然极想知道，却不敢去惊动玳瑁。我们预定在饲玳瑁的时候，先捉到它，然后再寻觅它的小孩。因为这几天来，玳瑁在吃饭的时候，已经不大避人，捉到它应该是容易的。

但是两天后，我十几岁的外甥遏抑不住他的热情了。不知怎的，玳瑁的孩子们所在的地方先被他很容易地发现了。它们原来就在楼梯门口，一只半掩着的糠箱里。玳瑁和它的小孩们就住在这里，是谁也想不到的。外甥很喜欢，叫大家去看。玳瑁已经溜得远远的在惧怯地望着。

我们想，既然玳瑁已经知道我们发觉了它的小孩的住所，不如先把它的小孩看守起来，因为这样，也可以引诱玳瑁的来到，否则它会把小孩衔到更没有人晓得的地方去的。

于是我们便做了一个更安适的窠，给它的小孩们，携进了以前父亲的寝室，而且就在父亲的床边。

那里是四个小孩，白的，黑的，黄的，玳瑁的，都还没有睁开眼睛。贴着压着，钻作一团，肥圆的。捉到它们的时候，偶然发出微弱的老鼠似的吱吱的鸣声。

“生了几只呀？”母亲问着。

“四只。”

“嗨，四只！怪不得！扛了你父亲的棺材，不要再扛我的呢！”母亲叹息着，不快活地说。

大家听着这话，愣住了。

“把它们丢出去！”外甥叫着说，但他同时却又喜悦地抚摩着玳瑁的小孩们，舍不得走开。

玳瑁现在在楼上寻觅了，它大声地叫着。

“玳瑁，这里来，在这里。”我们学着父亲仿佛对人说话似的叫着玳瑁说。

但是玳瑁像只懂得父亲的话，不能了解我们说什么。它在楼上寻觅着，在弄堂里寻觅着，

作者连用三个“寻觅着”，强烈地表达出玳瑁对父亲的依恋、不舍之情。

在厨房里寻觅着，可不走进以前父亲天天夜里带着它睡觉的房子。我们有时故意捉弄它的小孩们，使它们发出微弱的鸣声。玳瑁仍像没有听见似的。

过了一会儿，玳瑁给我们女工捉住了。它似乎饿了，走到厨房去吃饭，却不防给她一手捉住了颈背的皮。

“快来！快来！捉住了！”她大声叫着。

我扯了早已预备好的绳圈，跑出去。

玳瑁大声地叫着，用力地挣扎着。待至我伸出手去，还没抱住玳瑁，女工的手一松，玳瑁溜走了。

它再不到厨房里去，只在楼上叫着，寻觅着。

几点钟后，我们只得把玳瑁的小孩们送回楼上。它们显然也和玳瑁似的在忍受着饥饿和痛苦。

玳瑁又静默了，不到十分钟，我们已看不见它的小孩们的影子。现在可不必再费气力，谁也不会知道它们的所在。

有一天一夜，玳瑁没有动过厨房里的饭。以后几天，它也只在夜里，待大家睡了以后到厨房里去。

我们还想设法带玳瑁出来，但是母亲说："随它去吧，这样有灵性的猫，哪里会不晓得我们要离开这里。要出去自然不会躲开的。你们看它，你们父亲过世以后，再也不忍走进那两间房里，并且几天没有吃饭，明明在非常的伤心。现在怕是还想在这里陪伴你们父亲的灵魂呢。它原是你父亲的。"

我们只好随玳瑁自己了。它显然比我们还舍不得父亲，舍不得父亲所住过的房子、走过的路以及手所抚摸过的一切。父亲的声音，父亲的形象，父亲的气息，应该都还很深刻地萦绕在它的脑中。

可怜的玳瑁，它比我们还爱父亲！

作者为什么又一次说玳瑁"可怜"呢？

然而玳瑁也太凄惨了。以后还有谁再像父亲似的按时给它好的食物，而且慈爱地抚摩着它，像对人说话似的一声声地叫它呢？

离家的那天早晨，母亲给它留下了许多给孩子吃的稀饭在厨房里。门虽然锁着，玳瑁应该仍然晓得走进去。邻居们也曾答应代我们给它饲料。然而又怎能和父亲在的时候相比呢？

现在距我们离家的时候又已一月多了。玳瑁应该很健康着，它的小孩们也该是很活泼可爱了吧？

点明中心，意蕴深长，字里行间流露出“我”对父亲的愧疚与怀念。

我希望能再见到和父亲的灵魂永久同在着的玳瑁。

学习提示

文中的玳瑁猫与作者的父亲彼此陪伴，相互依赖，人与猫之间的深情感人至深。母亲称玳瑁是一只“有灵性的猫”，作者说它“比我们还爱父亲”。在父亲眼中，玳瑁是那么的重要，让我们不禁想起郑振铎先生的《猫》中的一个词——“小侣”。想一想，玳瑁还寄托了作者怎样的情感呢？

默读文章时，我们要边读边思考，注意一些有表现力的词语，勾画出前后有关联的语句及评价性的语句，借助重要语句把握段落大意，理清行文思路，概括文章的中心思想。

1. 猫

⊙夏丏尊

白马湖新居落成，把家眷迁回故乡的后数日，妹就携了四岁的外甥女，由二十里外的夫家雇船来访。自从母亲死后，兄弟们各依了职业迁居外方，故居初则赁与别家，继则因兄弟间种种关系，不得不把先人有过辛苦历史的高大屋宇，售让给附近的暴发户，于是兄弟们回故乡的机会就少，而妹也已有六七年无归宁的处所了。这次相见，彼此既快乐又酸辛，小孩之中，竟有未曾见过姑母的。外甥女也当然不认得舅妗和表姊，虽经大人指导勉强称呼，总都是呆呆地相觑着。

新居在一个学校附近，背山临水，地位清静，只不过平屋四间。论其构造，连老屋的厨房还比不上，妹却极口表示满意：

“虽比不上老屋，总究是自己的房子，我家在本地已有许多年没有房子了！自从老屋卖去以后，我多少被人瞧不起！每次乘船行过老屋的面前，真是……”

妻见妹说时眼圈有点红了，就忙用话岔开：

“妹妹你看，我老了许多了罢？你却总是这样后生。”

“三姊倒不老！——人总是要老的，大家小孩都已这样大了，你们大起来，就是我们在老起来。我们已六七年不见了呢。”

“快弄饭去罢！”我听了她们的对话，恐再牵入悲境，故意打断话头，使妻走开。

妹自幼从我学会了酒，能略饮几杯。兄妹且饮且谈，嫂也在旁羼①着。话题由此及彼，一直谈到饭后，还连续不断。每到妹和妻要谈到家事或婆媳小姑关系上去，我总立即设法打断，因为我是深知道妹在夫家的境遇的，很不愿在难得晤面的当初，就引起悲怀。

忽然，天花板上起了嘈杂的鼠声。

“新造的房子，老鼠就这样多了吗？”妹惊讶地问。

“大概是近山的缘故罢。据说房子未造好就有了老鼠的。晚上更厉害，今夜你听，好像在打仗哩，你们那里怎样？”妻说。

“还好，我家有猫。——快要产小猫了，将来可捉一只来。”

“猫也大有好坏，坏的猫老鼠不捕，反要偷食，到处撒屎，还是不养好。”我正在寻觅轻松的话题，就顺了势讲到猫上去。

“猫也和人一样，有种子好不好的，我那里的猫，是好种，不偷食，每朝把屎撒在盛灰的畚斗里。——你记得从前老四房里有一只好猫罢。我们那只猫，就是从老四房里讨去的小猫。近来听说老四房里已断了种了，——每年生一胎，附近养蚕的人家都

① 羼（chàn）：掺杂。

来千求万恳地讨，据说讨去都不淘气的。现在又快要生小猫了。”

老四房里的那只猫向来有名。最初的老猫，是曾祖在时就有了的。不知是哪里得来的种子，白地，小黄黑花斑，毛色很嫩，望去像上等的狐皮“金银嵌”。善捉鼠，性质却柔驯得了不得，我小时候常去抱来玩弄，听它念肚里佛，掰开它的眼睛来看，不啻[1]是一个小伴侣。后来我由外面回家，每走到老四房里去，有时还看见这小伴侣的子孙。曾也想讨一只小猫到家里去养，终难得逢到恰好有小猫的机会，自迁居他乡，十年来久不忆及了。不料现在种子未绝，妹家现在所养的，不知已是最初老猫的几世孙了。家道中落以来，田产室庐大半荡尽，而曾祖时代的猫，尚间接地在妹家留着种子，这真是一种不可思议的缘，值得叫人无限感兴的了。

“哦！就是那只猫的种子！好的，将来就给我们一只。那只猫的种子是近地有名的。花纹还没有变吗？”

“你喜欢哪一种？——大约一胎多则三只，少则两只，其中大概有一只是金银嵌的，有一两只是白中带黑斑的，每年都是如此。”

“那自然要金银嵌的啰。”我脑中不禁浮出孩时小伴侣的印象来。更联想到那如云的往事，为之茫然。

妻和妹之间，猫的谈话，仍被继续着，儿女中大些的张了眼听，最小的阿满，摇着妻的膝问：“小猫几时会来？”我也靠在藤椅

①不啻（chì）：无异于，如同。

上默然听她们。

“猫小的时候，要教它会才好。如果撒屎在地板上了，就捉到撒屎的地方，当着它的屎打，到碗中偷食吃的时候，就把碗摆在它的面前打，这样打了几次，它就不敢乱撒屎多偷食了。”

妹的猫教育论，引得大家都笑了。

次晨，妹说即须回去，约定过几天再来久留几日，临走的时候还说：

“昨晚上老鼠吵得真厉害，下次来时，替你们把猫捉来罢。”

妹去后，全家多了一个猫的话题。最性急的自然是小孩，他们常问：“姑妈几时来？”其实都是为猫而问，我虽每回答他们：“自然会来的，性急什么？”而心里也对于那与我家一系有二十多年历史的猫，怀着迫切的期待，巴不得妹——猫快来。

妹的第二次来，在一个月以后，带来的只是赠送小孩的果物和若干种的花草苗种，并没有猫。说前几天才出生，要一月后方可离母，此次生了三只，一只是金银嵌的，其余两只，是黑白花和狸斑花的，讨的人家很多，已替我们把金银嵌的留定了。

猫被送来，已是妹第二次回去后半月光景的事，那时已过端午，我从学校回去，一进门妻就和我说：

“妹妹今天差人把猫送来了，她有一封信在这里。说从回去以后就有些不适。大约是寒热，不要紧的。”

我从妻手里接了信草草一看，同时就向室中四望：

“猫呢？”

"她们在弄它，阿吉、阿满，你们把猫抱来给爸爸看看！"

立刻，柔弱的"尼亚尼亚"声从房中听得。阿满抱出猫来：

"会念佛的，一到就蹲在床下，妈说它是新娘子呢。"

我在女儿手中把小猫熟视着说：

"还小呢，别去捉它，放在地上，过几天会熟的。当心碰见狗！"

阿满将猫放下。猫把背一耸就踉跄地向房里遁去。接着就从房内发出柔弱的"尼亚尼亚"的叫声。

"去看看它躲在什么地方。"阿吉和阿满蹑了脚进房去。

"不要去捉它啊！"妻从后叮嘱她们。

猫确是金银嵌，虽然产毛未褪，黄白还未十分夺目，尽足依约地唤起从前老四房里小伴侣的印象。"尼亚尼亚"的叫声和"咪咪"的呼唤声，在一家中起了新气氛，在我心中却成了一个联想过去的媒介，想到儿时的趣味，想到家况未中落时的光景。

与猫同来的，总以为不成问题的妹的病消息，一两日后竟由沉重而至于危笃，终于因恶性疟疾引起了流产，遗下未足月的女孩而弃去这世界了。

一家人参与丧事完毕从丧家回来，一进门就听到"尼亚尼亚"的猫声。

"这猫真不利，它是首先来报妹妹的死信的！"妻见了猫叹息着说。

猫正在檐前伸了小足爬搔着柱子，突然见我们来，就踉跄逃去。阿满赶到厨下把它捉来了，捧在手里：

“你还要逃，都是你不好！妈！快打！”

“畜生晓得什么？唉，真不利！”妻呆呆地望着猫这样说，忘记了自己的矛盾，倒弄得阿满把猫捧在手里瞪目茫然了。

“把它关在伙食间里，别放它出来！”我一边说一边懒懒地走入卧室睡去。我实在已怕看这猫了。

立时从伙食间里发出“尼亚尼亚”的悲鸣声和嘈杂的爬搔声来。努力想睡，总是睡不着。原想起来把猫重新放出，终于无心动弹，连向那就在房外的妻女叫一声“把猫放出”的心绪也没有，只让自己听着那连续的猫声，一味沉浸在悲哀里。

从此以后，这小小的猫，在全家成了一个联想死者的媒介，特别地在我，这猫所暗示的新的悲哀的创伤，是用了家道中落等类的怅惘包裹着的。

伤逝的悲怀，随着暑气一天一天地淡去，猫也一天一天地长大，从前被全家所诅咒的这不幸的猫，这时渐被全家宠爱珍惜起来了，当作了死者的纪念物。每餐给它吃鱼，归阿满饲它，晚上抱进房里，防恐被人偷了或是被野狗咬伤。

白玉也似的毛地上，黄黑斑错落得非常明显，当那蹲在草地上或跳掷在凤仙花丛里的时候，望去真是美丽。每当附近四邻或路过的人，见了都称赞说“好猫”的时候，妻脸上就现出一种莫可言说的矜夸，好像是养着一个好儿子或是好女儿。特别是阿满：

“这是我家的猫，是姑母送来的，姑母死了，只剩了这只猫了！” 她当有人来称赞猫的时候，不管那人陌生与不陌生，总会睁圆了眼起劲地对他说明这些。

猫做了一家的宠儿了，每餐食桌旁总有它的位置，偶然偷了食或是乱撒了屎，虽然依妹的教育法是要就地罚打的，妻也总看妹面上宽恕过去。阿吉、阿满一从学校里回来就用了带子逗它玩，或是捉迷藏似的在庭间追赶它。我也常于初秋的夕阳中坐在檐下对了这跳掷着的小动物做种种的遐想。

那是快近中秋的一个晚上的事：湖上邻居的几位朋友，晚饭后散步到了我家里，大家在月下闲话，阿满和猫在草地上追逐着玩。客去后，我和妻搬进几椅正要关门就寝，妻照例记起猫来：

“咪咪！”

“咪咪！”阿吉、阿满也跟着唤。

可是却听不到猫的“尼亚尼亚”的回答。

“没有呢！哪里去了？阿满，不是你捉出来的吗？去寻来！”妻着急起来了。

“刚刚在天井里的。”阿满瞠了眼含糊地回答，一边哭了起来。

“还哭！都是你不好！夜了还捉出来做什么呢？——咪咪，咪咪！”妻一边责骂阿满一边嗄了声再唤。

“咪咪，咪咪！”我也不禁附和着唤。

可是仍不听到猫的“尼亚尼亚”的回答。

叫小孩睡好了，重新找寻，室内室外，东邻西舍，到处分头都寻遍，哪有猫的影儿？连方才谈天的几位朋友都过来帮着在月光下寻觅，也终于不见形影。一直闹到十二点多钟，月亮已照屋角为止。

“夜深了，把窗门暂时开着，等它自己回来罢，——偷是没有人偷的，或者被狗咬死了，但又听不见它叫。也许不至于此，今夜且让它去罢。”我宽慰着妻，关了大门，先入卧室去。在枕上还听到妻的“咪咪”的呼声。

猫终于不回来。从次日起，一家好像失了什么似的，都觉到说不出的寂寥。小孩从放学回来也不如平日的高兴，特别地在我，于妻女所感得的以外，顿然失却了沉思过去种种悲欢往事的媒介物，觉得寂寥更甚。

第三日傍晚，我因寂寥不过了，独自在屋后山边散步，忽然在山脚田坑中发现猫的尸体。全身粘着水泥，软软地倒在坑里，毛贴着肉，身躯细了好些，项有血迹，似确是被狗或野兽咬毙了的。

“猫在这里！”我不觉自叫了说。

“在哪里？”妻和女孩先后跑来，见了猫都呆呆地几乎一时说不出话。

“可怜！一定是野狗咬死的。阿满，都是你不好！前晚你不捉它出来，哪里会死呢？下世去要成冤家啊！——唉！妹妹死了。连妹妹给我们的猫也死了。”妻说时声音呜咽了。

阿满哭了，阿吉也呆着不动。

“进去罢，死了也就算了，人都要死哩，别说猫！快叫人来把它葬了。”我催她们离开。

妻和女孩进去了。我向猫作了最后的一瞥，在黄昏中独自徘徊。日来已失了联想媒介的无数往事，都回光返照似的一时强烈地齐现到心上来。

《诗经》：中国最早的诗歌总集

我国是一个诗歌王国，从古至今，不知有多少诗人，出了多少诗集。

《诗》被儒家奉为经典之一，故称为《诗经》，是我国历史上第一部诗歌总集。

《诗经》收集了我国公元前11世纪到公元前6世纪的诗歌作品，代表从西周初年到春秋中叶大约500年间的诗歌作品，共有305篇，包括“风”“雅”“颂”三类。

《诗经》的表现手法一般分为赋、比、兴三种。

《诗经》真实而深刻地反映了当时的社会现实，是我国古典文学现实主义传统的光辉起点。

2. 猫

⊙靳　以

猫好像在活过来的时日中占了很大的一部分，虽然现在一只也不再在我的身边厮扰。

当着我才进了中学，就得着了那第一只。那是从一个友人的家中抱来，很费了一番手才送到家中。她是一只黄色的，像虎一样的斑纹，只是生性却十分驯良。那时候她才生下两个月，也像其他的小猫一样欢喜跳闹，却总是被别的欺负的时候居多。友人送我的时候就这样说：

“你不是欢喜猫吗，就抱去这只吧。你看她是多么可怜的样子，怕长不大就会死了。”

我都不能想那时候我是多么高兴，当我坐在车上，装在布袋中的她就放在我的腿上。啊，她是一个活着的小动物，时时会在我的腿上蠕动的。我轻轻地拍着她，她不叫也不闹，只静静地卧在那里，像一个十分懂事的东西。我还记得那是夏天，她的皮毛使我在冒着汗，我也忍耐着。到了家，我放她出来。新的天地吓得她更不敢动，她躲在墙角或是椅后那边哀哀地鸣叫。她不吃食物也不饮水，为了那份样子，我几乎就要送她回去了。可是过了两天或是三天，一切就都很好了。家中人都喜欢她，除开一个残忍成性的婆子。我的姐姐更爱她，每餐都是由她来照顾。

到了长成的时节，她就成为更沉默更温和的了。她从来也不曾抓伤过人，也不到厨房里偷一片鱼。她欢喜蹲在窗台上，眯着眼睛，像哲学家一样地沉思着。那时候阳光正照了她，她还要安详地用前爪在脸上抹一次又一次的。家中人会说：

“链哥儿抱来的猫，也是那样老实啊！”

到后她的子孙们却是有各样的性格。一大半送了亲友，留在家中的也看得出贤与不肖。有的竟和母亲争斗，正像一个浪子或是泼女。

她自己活得很长远，几次以为是不能再活下去了，她还能勉强地活过来，终于一双耳朵不知道为什么枯萎下去。她的脚步更迟钝了，有时鸣叫的声音都微弱得不可闻了。

她活了十几年，当着祖母故去的时候，已经入殓，还停在家中，她就躺在棺木的下面死去。想着是在夜间死去的，因为早晨发觉的时候她已经僵硬了。

住到 × 城的时节，我和友人 B 君共住了一个院子。那个城是古老而沉静的，到处都是树，清寂幽闲。因为是两个单身男子，我们的住处也正像那个城。秋天是如此，春天也是如此。墙壁粉了灰色，每到了下午便显得十分黯淡。可是不知道从哪里却跳来了一只猫，她是在我们一天晚间回来的时候发现的。我们开了灯，她正端坐在沙发的上面，看到光亮和人，一下就不知道溜到哪里去了。

我们同时都为她那美丽的毛色打动了，她的身上有着各样的颜色，她的身上包满了茸茸的长绒。我们找寻着，在书架的下面找到了。她用惊疑的眼睛望着我们，我们即刻吩咐仆人，为她弄好了肝和饭，我们故意不去看她，她就悄悄地就食去了。

从此在我们的家人中，她也算是一个。

养了两个多月，在一天的清早，不知逃到哪里去了。她仍是从风门的窗格里钻出去（因为她，我们一直没有完整的纸糊在上面），到午饭时不见回来。我们想着下半天，想着晚饭的时候，可是她一直就不曾回来。

那时候，虽然少了一只小小的猫，住的地方就显得阔大寂寥起来了。当着她在我们这里的时候，那些冷清的角落，都为她跑着跳着填满了；为我们遗忘了的纸物，都由她有趣地抓了出来。一时她会跑上座灯的架上，一时她又跳上了书橱。可是她把花盆架上的一盆迎春拉到地上，碎了花盆的事也有过。记得自己真就以为她是一个有灵性的生物，申斥她，轻轻地打着她；她也就畏缩地躲在一旁，像是充分地明白了自己的过错似的。

平时最使她感兴趣的事，怕就是钻进抽屉中的小睡了。只要是拉开了，她就安详地走进去，于是就故意又为她关上了。过些时再拉开来，她也许还未曾醒呢！有的时候是醒了，静静地卧着，看到外面的天地，就站起来，拱着背缓缓地伸着懒腰。她会跳上桌子，如果是晚间，她就分去了桌灯给我的光，往返地踱着，她的影子晃来晃去的，却充满了我那狭小的天地，使我也有着热闹的感觉。突然她会为一件小小的物件吸引住了，用前爪轻轻地拨着，惊奇地注视着被转动的物件，就退回了身子，伏在那里，还是一小步一小步地退缩着——终于是猛地向前一蹿，那物件落在地上，她也随着跳下去。

我们有时候也用绒绳来逗引，看着她轻巧而窈窕地跳着。时常想到的就是“摘花赌身轻”的句子。

她的逃失呢，好像是早就想到了的。不是因为从窗里望着外面，看到其他的猫从墙头跳上跳下，她就起始也跑到外面去吗？原是不知何所来，就该是不知何所去。只是顿然少去了那么一只跑着跳着的生物，所住的地方就感到更大的空洞了。想着这样的情绪也许并不是持久的，过些天或者就可以忘怀了。只是当着春天的风吹着门窗的纸，就自然地把眼睛望着她日常出入的那个窗格，还以为她又从外面钻了回来。

“走了也好，终不过是不足恃的小人啊！”

这样地想了，我们的心就像是十分安然而愉快了。

过了四个月，B君走了，那个家就留给我一个人。如果一直是冷清下来，对于那样的日子我也许能习惯了；却是日愈空寂的房子，无法使我安心地守下去。但是我也只有忍耐之一途。既不能在众人的处所中感到兴趣，除开面壁枯坐还有其他的方法吗？

一天，偶然地在市集中售卖猫狗的那一部，遇到一个老妇人和一个四五岁的女孩。她问我要不要买一只猫。我就停下来，预备看一下再说。她放下在手中的竹篮，解开盖在上面的一张布，就看到一只生了黄黑斑的白猫，正自躺在那里。在她的身下看到了两只才生下不久的小猫。一只是黑的，毛的尖梢却是雪白，那一只是白的，头部生了灰灰的斑。她和我说因为要离开这里，就不得不卖了。她和我要了极合理的价钱，我答应了，付过钱，就径自去买一个竹筐来，当我把猫放到我的筐子里，那个孩子就大声哭起来。她舍不得她的宝贝。她丢下老妇人塞到她手中的钱。那个老妇人虽是爱着孩子，却好像钱对她真有一点用，就一面哄着一面催促着我快些离开。

叫了一辆车，放上竹筐，我就回去了。留在后面的是那个孩子的哭声。

诚然如那个老妇人所说，她们是到了天堂。最初几天那两只小猫还没有张开眼，从早到晚只是咪咪地叫着。我用烂饭和牛乳喂它们，到张开了眼的时候，我才又看到那个长了灰色斑的两个眼睛是不同的：一个是黄色，一个是蓝色。

大小三只猫，也尽够我自己忙的了（不止我自己，还有那个仆人）。大的一只时常要跑出去，小的就不断地叫着。她们时常在我的脚边缠绕，一不小心就被踏上一脚或是踢翻个身。她们横着身子跑，因为把米粒粘到脚上，跑着的时候就嗒嗒地响着，像生了铁蹄。她们欢喜坐在门限上望着外面，见到后院的那条狗走过，她们就咈咈地叫着，毛都竖起来，急速地跳进房里。

为了她们，每次晚间回来都不敢提起脚步来走，只是溜着，开了灯，就看到她们偎依着在椅上酣睡。

渐渐地，她们能爬到我的身上来了，还爬到我的肩头，她们就像到了险境，呜叫着，一直要我用手把她们再捧下来。

这两只猫仔引起了许多友人的怜爱，一个过路友人离开了这个城还在信中殷殷地问到。她说过要有那么一天，把这两只猫拿走的。但是为了病着的母亲的寂寥，我就把她们带到了 ××。

我先把她们的母亲送给了别人，我忘记了她们离开母亲会成为多么可怜的小动物。她们叫着。不给一刻的宁静，就是食物也不大能引着她们安静下去。她们东找找西找找，然后就失望地朝着我看，好像告诉我她们是失去了母亲，也要我告诉她们：母亲到了哪里？两天都是这样，我都想再把那只大猫要回来了。后来友人告诉我说是那个母亲也叫了几天，终于上了房，不知到哪里去了。

因为要搭乘火车的，我就在行前的一日把她们装到竹篮里。她们就叫，吵得我一夜也不能睡，我想着这将是一桩麻烦的事，依照路章是不能携带猫或狗的。

早晨，我放出她们喂，吃得饱饱的（那时候她们已经消灭了失去母亲的悲哀），又装进竹篮里。她们就不再叫了，一直由我把她们安然地带回我母亲的身边。

母亲的病在那时已经是很重了，可是她还是勉强地和我说笑。

她爱那两只猫。她们也是立刻跳到她的身前。我十分怕看和母亲相见相别时的泪眼，这一次有这两个小东西岔开了母亲的伤心。

不久，她们就成为一种累赘了。当着母亲安睡的时候，她们也许咪咪地叫起来。当着母亲为病痛所苦的时候，她们也许要爬到她的身上。在这情形之下，我只能把她们交付了仆人，由仆人带到他自己的房中去豢养。

母亲的病使我忘记了一切的事，母亲故去了许久我才问着仆人那两只猫是否还活下来。

仆人告诉我她们还活着的，因为一时的疏忽，她们的后腿冻跛了。可渐渐地好起来，也长大了，只是不大像从前那样洁净。

我只是应着，并没有要他把她们拿给我，因为被母亲生前所钟爱，她们已经成为我自己悲哀的种子了。

3. 小麻雀

⊙老　舍

雨后，院里来了个麻雀，刚长全了羽毛。它在院里跳，有时飞一下，不过是由地上飞到花盆沿上，或由花盆上飞下来。看它这么飞了两三次，我看出来：它并不会飞得再高一些，它的左翅的几根长翎拧在一处，有一根特别的长，似乎要脱落下来。我试着往前凑，它跳一跳，可是又停住，看着我，小黑豆眼带出点要亲近我又不完全信任的神气。我想到了：这是个熟鸟，也许是自幼便养在笼中的。所以它不十分怕人。可是它的左翅也许是被养着它的或别个孩子给扯坏了，所以它爱人，又不完全信任。想到这个，我忽然的很难过。一个飞禽失去翅膀是多么可怜。这个小鸟离了人恐怕不会活，可是人又那么狠心，伤了它的翎羽。它被人毁坏了，而还想依靠人，多么可怜！它的眼带出进退为难的神情，虽然只是那么个小而不美的小鸟，它的举动与表情却露出极大的委屈与为难。它是要保全它那点生命，而不晓得如何是好，对它自己与人都没有信心，而又愿找到些倚靠。它跳一跳，停一停，看着我，又不敢过来。我想拿几个饭粒诱它前来，又不敢离开，我怕小猫来扑它。可是小猫并没在院里，我很快地跑进厨房，抓来了几个饭粒。及至我回来，小鸟已不见了。我向外院跑去，小猫在影壁前的花盆旁蹲着呢。我忙去驱逐它，它只一扑，便把小鸟擒住！被人养惯的小麻雀，连挣扎都不会，尾与爪在猫嘴旁奄拉着，和死去了差不多。

噙着小鸟，猫一头跑进厨房，又一头跑到西屋。我不敢紧追，怕它更咬紧了，可又不能不追。虽然看不见小鸟的头部，我还没忘了那个眼神。那个预知生命危险的眼神。那个眼神与我的好心中间隔着一只小白猫。来回跑了几次，我不追了。追上也没用了，我想，小鸟至少已半死了。猫又进了厨房，我愣了一会儿，赶紧地又追了去；那两个黑豆眼仿佛在我心内睁着呢。

进了厨房，猫在一条铁筒——冬天生火通烟用的，春天拆下来便放在厨房的墙角——旁蹲着呢。小鸟已不见了。铁筒的下端未完全扣在地上，开着一个不小的缝儿，小猫正用脚往里探。我的希望回来了，小鸟没死。小猫本来才四个来月大，还没捉住过老鼠，或者还不会杀生，只是叼着小鸟玩一玩。正在这么想，小鸟忽然出来了，猫倒像吓了一跳，往后躲了躲。小鸟的样子，我一眼便看清了，登时使我要闭上了眼。小鸟几乎是蹲着，胸离地很近，像人害肚痛蹲在地上那样。它身上并没血，身子可似乎是蜷在一块儿，非常的短，头低着，小嘴指着地。那两个黑眼珠！非常的黑，非常的大，不看什么，就那么顶黑顶大地愣着。它只有那么一点活气，都在眼里，像是等着猫再扑它，它没力量反抗或逃避；又像是等着猫赦免了它，或是来个救星。生与死都在这俩眼里，而并不是清醒的。它是糊涂了，昏迷了；不然为什么由铁筒中出来呢？可是，虽然昏迷，到底有那么一点说不清的，生命根源的希望。这个希望使它注视着地上，等着，等着生或死。它怕得非常的忠诚，完全把自己交给了一线的希望，一点也不动。像要把生命从两眼中流出，它不叫也不动。

小猫没再扑它，只试着用小脚碰它。它随着击碰倾侧，头不动，眼不动，还呆呆地注视着地上。但求它能活着，它就决不反抗。可是并非全无勇气，它是在猫的面前不动！我轻轻地过去，把猫抓住。将猫放在门外，小鸟还没动。我双手把它捧起来。它确是没受多大的伤，虽然胸上落了点毛。它看了我一眼！

我没主意：把它放了吧，它准是死！养着它吧，家中没有笼子。我捧着它，好像世上一切生命都在我的掌中似的，我不知怎样好。小鸟不动，蜷着身，两眼还那么黑，等着！愣了好久，我把它捧到卧室里，放在桌子上，看着它，它又愣了半天，忽然头向左右歪了歪，用它的黑眼睁了一下；又不动了，可是身子长出来一些，还低头看着，似乎明白了点什么。

4. 白　鹅

⊙丰子恺

抗战胜利后八个月零十天，我卖脱了三年前在重庆沙坪坝庙湾地方自建的小屋，迁居城中去等候归舟。

除了托庇三年的情感以外，我对这小屋实在毫无留恋。因为这屋太简陋了，这环境太荒凉了；我去屋如弃敝屣。倒是屋里养的一只白鹅，使我恋恋不忘。

这白鹅，是一位将要远行的朋友送给我的。这朋友住在北碚[①]，特地从北碚把这鹅带到重庆来送给我。我亲自抱了这雪白的大鸟回家，放在院子内。它伸长了头颈，左顾右盼，我一看这姿态，想道："好一个高傲的动物！"凡动物，头是最主要部分。这部分的形状，最能表明动物的性格。例如狮子、老虎，头都是大的，表示其力强；麒麟、骆驼，头都是高的，表示其高超；狼、狐、狗等，头都是尖的，表示其刁奸猥鄙；猪猡、乌龟等，头都是缩的，表示其冥顽愚蠢。鹅的头在比例上比骆驼更高，与麒麟

---

① 北碚（bèi）：地名。

相似，正是高超的性格的表示；而在它的叫声、步态、吃相中，更表示出一种傲慢之气。

鹅的叫声，与鸭的叫声大体相似，都是“轧轧”然的。但音调上大不相同。鸭的“轧轧”，其音调琐碎而愉快，有小心翼翼的意味；鹅的“轧轧”，其音调严肃郑重，有似厉声呵斥。它的旧主人告诉我：养鹅等于养狗，它也能看守门户。后来我看到果然：凡有生客进来，鹅必然厉声叫嚣；甚至篱笆外有人走路，也要它引吭大叫，其叫声的严厉，不亚于狗的狂吠。狗的狂吠，是专对生客或宵小用的；见了主人，狗会摇头摆尾，呜呜地乞怜。鹅则对无论何人，都是厉声呵斥；要求饲食时的叫声，也好像大爷嫌饭迟而怒骂小使一样。

鹅的步态，更是傲慢了。这在大体上也与鸭相似。但鸭的步调急速，有局促不安之相。鹅的步调从容，大模大样的，颇像平剧[①]里的净角出场。这正是它的傲慢的性格的表现。我们走近鸡或鸭，这鸡或鸭一定让步逃走。这是表示对人惧怕。所以我们要捉住鸡或鸭，颇不容易。那鹅就不然：它傲然地站着，看见人走来简直不让；有时非但不让，竟伸过颈子来咬你一口。这表示它不怕人，看不起人。但这傲慢终归是狂妄的。我们一伸手，就可一把抓住它的项颈，而任意处置它。家畜之中，最傲人的无过于鹅。同时最容易捉住的也无过于鹅。

鹅的吃饭，常常使我们发笑。我们的鹅是吃冷饭的，一日三

① 平剧：这里指京剧。

餐。它需要三样东西下饭：一样是水，一样是泥，一样是草。先吃一口冷饭，次吃一口水，然后再到某地方去吃一口泥及草。大约这些泥和草也有各种滋味，它是依着它的胃口而选定的。这食料并不奢侈；但它的吃法，三眼一板，丝毫不苟。譬如吃了一口饭，倘水盆偶然放在远处，它一定从容不迫地踏大步走上前去，饮水一口，再踏大步走到一定的地方去吃泥，吃草。吃过泥和草再回来吃饭。这样从容不迫地吃饭，必须有一个人在旁侍候，像饭馆里的堂倌一样。因为附近的狗，都知道我们这位鹅老爷的脾气，每逢它吃饭的时候，狗就躲在篱边窥伺。等它吃过一口饭，踏着方步去吃水、吃泥、吃草的当儿，狗就敏捷地跑上来，努力地吃它的饭。没有吃完，鹅老爷偶然早归，伸颈去咬狗，并且厉声叫骂，狗立刻逃往篱边，蹲着静候；看它再吃了一口饭，再走开去吃水、吃草、吃泥的时候，狗又敏捷地跑上来，这回就把它的饭吃完，扬长而去了。等到鹅再来吃饭的时候，饭罐已经空空如也。鹅便昂首大叫，似乎责备人们供养不周。这时我们便替它添饭，并且站着侍候。因为邻近狗很多，一狗方去，一狗又来蹲着窥伺了。邻近的鸡也很多，也常蹑手蹑脚地来偷鹅的饭吃。我们不胜其烦，以后便将饭罐和水盆放在一起，免得它走远去，让鸡、狗偷饭吃。然而它所必需的盛馔[①]泥和草，所在的地点远近无定。为了找这盛馔，它仍是要走远去的。因此鹅的吃饭，非有一人侍候不可。真是架子十足的！

① 盛馔（zhuàn）：丰盛的饮食。

鹅，不拘它如何高傲，我们始终要养它，直到房子卖脱为止。因为它对我们，物质上和精神上都有贡献，使主母和主人都欢喜它。物质上的贡献，是生蛋。它每天或隔天生一个蛋，篱边特设一堆稻草，鹅蹲伏在稻草中了，便是要生蛋了。家里的小孩子更兴奋，站在它旁边等候。它分娩毕，就起身，大踏步走进屋里去，大声叫开饭。这时候孩子们把热热的蛋捡起，藏在背后拿进屋子来，说是怕鹅看见了要生气。鹅蛋真是大，有鸡蛋的四倍呢！主母的蛋篓子内积得多了，就拿来制盐蛋，炖一个盐鹅蛋，一家人吃不了的！工友上街买菜回来说："今天菜市上有卖鹅蛋的，要四百元一个，我们的鹅每天挣四百元，一个月挣一万二，比我们做工的还好呢，哈哈哈哈。"大家陪他"哈哈哈哈"。望望那鹅，它正吃饱了饭，昂胸凸肚地，在院子里踱方步，看野景，似乎更加神气活现了。但我觉得，比吃鹅蛋更好的，还是它的精神的贡献。因为我们这屋实在太简陋，环境实在太荒凉，生活实在太岑寂了。赖有这一只白鹅，点缀庭院，增加生气，慰我寂寞。

且说我这屋子，真是简陋极了：篱笆之内，地皮二十方丈，屋所占的只六方丈。这六方丈上，建着三间"抗建式"平屋，每间前后划分为二室，共得六室，每室平均一方丈。中央一间，前室特别大些，约有一方丈半弱，算是食堂兼客堂；后室就只有半方丈强，比公共汽车还小，作为家人的卧室。西边一间，平均划分为二，算是厨房及工友室。东边一间，也平均划分为二，后室也是家人的卧室，前室便是我的书房兼卧房。三年以来，我坐卧写作，都在这一方丈内。归熙甫《项脊轩记》中说：“室仅方丈，可容一人居。”又说：“雨泽下注；每移案，顾视，无可置者。”我只有想起这些话的时候，感觉得自己满足。我的屋虽不上漏，可是墙是竹制的，单薄得很。夏天九点钟以后，东墙上炙手可热，室内好比开放了热水汀。这时候反教人希望警报，可到六七丈深的地下室去凉快一下呢。

竹篱之内的院子，薄薄的泥层下面尽是岩石，只能种些番茄、蚕豆、芭蕉之类，却不能种树木。竹篱之外，坡岩起伏，尽是荒郊。因此这小屋赤裸裸的，孤零零的，毫无依蔽；远远望来，正像一个亭子。我长年坐守其中，就好比一个亭长。这地点离街约有里许，小径迂回，不易寻找，来客极稀。杜诗“幽栖地僻经过少”一句，这屋可以受之无愧。风雨之日，泥泞载途，狗也懒得走过，环境荒凉更甚。这些日子的岑寂的滋味，至今回想还觉得可怕。

自从这小屋落成之后，我就辞绝了教职，恢复了战前的闲居生活。我对外间绝少往来，每日只是读书作画，饮酒闲谈而已。我的时间全部是我自己的。这是我的性格的要求，这在我是认为幸福的。然而这幸福必需两个条件：在太平时，在都会里。如今在抗战期，在荒村里，这幸福就伴着一种苦闷——岑寂。为避免这苦闷，我便在读书、作画之余，在院子里种豆，种菜，养鸽，养鹅。而鹅给我的印象最深。因为它有那么庞大的身体，那么雪白的颜色，那么雄壮的叫声，那么轩昂的态度，那么高傲的脾气，和那么可笑的行为。在这荒凉岑寂的环境中，这鹅竟成了一个焦点。凄风苦雨之日，手酸意倦之时，推窗一望，死气沉沉；唯有这伟大的雪白的东西，高擎着琥珀色的喙，在雨中昂然独步，好像一个武装的守卫，使得这小屋有了保障，这院子有了主宰，这环境有了生气。

我的小屋易主的前几天，我把这鹅送给住在小龙坎的朋友人家。送出之后的几天内，颇有异样的感觉。这感觉与诀别一个人的时候所发生的感觉完全相同，不过分量较为轻微而已。原来一切众生，本是同根，凡属血气，皆有共感。所以这禽鸟比这房屋更是牵惹人情，更能使人留恋。现在我写这篇短文，就好比为一个永诀的朋友立传，写照。

这鹅的旧主人姓夏名宗禹，现在与我邻居着。

1946 年夏于重庆

5. 鸟

⊙梁实秋

我爱鸟。

从前我常见提笼架鸟的人，清早在街上溜达（现在这样有闲的人少了）。我感觉兴味的不是那人的悠闲，却是那鸟的苦闷。胳膊上架着的鹰，有时头上蒙着一块皮子，羽翮[①]不整地蜷伏着不动，哪里有半点瞵视[②]昂藏[③]的神气？笼子里的鸟更不用说，常年地关在栅栏里，饮啄倒是方便，冬天还有遮风的棉罩，十分的“优待”，但是如果想要“抟扶摇而直上[④]”，便要撞头碰壁。鸟到了这种地步，我想它的苦闷，大概是仅次于粘在胶纸上的苍蝇；它的快乐，大概是仅优于在标本室里住着吧？

我开始欣赏鸟，是在四川。黎明时，窗外是一片鸟啭，不是

---

① 羽翮（hé）：指鸟羽。翮，鸟羽的茎状部分。

② 瞵（lín）视：瞪眼注视。瞵，瞪着眼睛看。

③ 昂藏（cáng）：形容仪表雄伟。

④ 抟（tuán）扶摇而直上：语出《庄子·逍遥游》。原文作“抟扶摇而上”。意为凭借旋风直上高空。抟，盘旋着往上飞。扶摇，盘旋而上。

吱吱喳喳的麻雀，不是呱呱噪啼的乌鸦，那一片声音是清脆的，是嘹亮的，有的一声长叫，包括六七个音阶；有的只是一个声音，圆润而不觉其单调；有时是独奏，有时是合唱，简直是一派和谐的交响乐。不知有多少个春天的早晨，这样的鸟声把我从梦境唤起。直到旭日高升，市声鼎沸，鸟就沉默了，不知到哪里去了。一直等到夜晚，才又听到杜鹃叫，由远叫到近，由近叫到远，一声急似一声，竟是凄绝的哀乐。客夜闻此，说不出的酸楚！

在白昼，听不到鸟鸣，但是看得见鸟的形体。世界上的生物，没有比鸟更俊俏的。多少样不知名的小鸟，在枝头跳跃，有的曳着长长的尾巴，有的翘着尖尖的长喙，有的是胸襟上带着一块照眼的颜色，有的是飞起来的时候才闪露一下斑斓的花彩。几乎没有例外的，鸟的身躯都是玲珑饱满的，细瘦而不干瘪，丰腴[①]而不臃肿，真是减一分则太瘦，增一分则太肥，那样的秾纤合度[②]，跳荡得那样轻灵，脚上像是有弹簧。看它高踞枝头，临风顾盼[③]——好锐利的喜悦刺上我的心头。不知是什么东西惊动它了，它倏地[④]振翅飞去，它不回顾，它不悲哀，它像虹似的一下就消逝了，它留下的是无限的迷惘。有时候稻田里伫立着一只白鹭，蜷着一条腿，缩着颈子；有时候“一行白鹭上青天”，背后

---

① 丰腴（yú）：（身体）丰满。

② 秾（nóng）纤合度：胖瘦合适。秾，体态丰满。纤，瘦小。

③ 顾盼：向左右或周围看来看去。

④ 倏（shū）地：迅速地。

还衬着黛青的山色和油绿的梯田，就是抓小鸡的鸢鹰[1]，啾啾地叫着，在天空盘旋，也有令人喜悦的一种雄姿。

我爱鸟的声音、鸟的形体，这爱好是很单纯的，我对鸟并不存任何幻想。有人初闻杜鹃，兴奋得一夜不能睡，一时想到“杜宇”“望帝”，一时又想到啼血，想到客愁，觉得有无限诗意。我曾告诉他事实上全不是这样的。杜鹃原是很健壮的一种鸟，比一般的鸟魁梧得多，扁嘴大口，并不特别美，而且自己不知构巢，依仗体壮力大，硬把卵下在别个的巢里。如果巢里已有了够多的卵，便不客气地给挤落下去，孵育的责任由别个代负了；孵出来之后，羽毛渐丰，就可把巢据为己有。那人听了我的话之后，对于这豪横无情的鸟，再也不能幻出什么诗意来了。我想，济慈的《夜莺》、雪莱的《云雀》，还不都是诗人自我的幻想，与鸟何干?

鸟并不永久地给人喜悦，有时也给人悲苦。诗人哈代在一首诗里说，他在圣诞的前夕，炉里燃着熊熊的火，满室生春，桌上摆着丰盛的筵席，准备着过一个普天同庆的夜晚，蓦然看见在窗外一片美丽的雪景当中，有一只小鸟踽踖[2]缩缩地在寒枝的梢头踞立，正在啄食一颗残余的僵冻的果儿，禁不住那料峭的寒风，栽到地上死了，滚成一个雪团！诗人感喟[3]曰：“鸟！你连这一个快乐的夜晚都不给我！”我也有过一次类似经验，在东北的一

① 鸢（yuān）鹰：老鹰。

② 踽踖（jú jí）：现用作“局踖”。局促不安的样子。

③ 感喟（kuì）：感叹。喟，叹气。

间双重玻璃窗的屋里，忽然看见枝头有一只麻雀，战栗地跳动抖擞着，在啄食一块干枯的叶子。但是我发现那麻雀的羽毛特别地长，而且是蓬松戟张[1]着的，像是披着一件蓑衣，立刻使人联想到那垃圾堆上的大群褴褛[2]而臃肿的人，那形容是一模一样的。那孤苦伶仃的麻雀，也就不暇令人哀了。

自从离开四川以后，不再容易看见那样多型类的鸟的跳荡，也不再容易听到那样悦耳的鸟鸣。只是清早遇到烟囱冒烟的时候，一群麻雀挤在檐下的烟囱旁边取暖，隔着窗纸有时还能看见伏在窗棂上的雀儿的映影。喜鹊不知逃到哪里去了，带哨子的鸽子也很少看见在天空打旋。黄昏时偶尔还听见寒鸦在古木上鼓噪，入夜也还能听见那像哭又像笑的鸱鸮的怪叫。再令人触目的就是那些偶然一见的囚在笼里的小鸟儿了，但是我不忍看。

---

① 戟（jǐ）张：形容鸟的羽毛像戟一样张开。戟，古代兵器。

② 褴褛（lán lǚ）：（衣服）破烂。

6. 松　鼠

⊙〔法国〕科莱特

战前，我有一只松鼠。它原先的主人在我上车的时候很巧妙地把它作为礼物悄悄塞进我的大衣口袋里，当时我已经相继欣赏然而谢绝了一头滑头滑脑、气味浓重的北美浣熊，一只年满一岁的豹猫，一头四个月大的小母狮和一只像生菜盆一般大、人家向我保证会伸出爪子的名叫阿纳托尔的癞蛤蟆。

我曾在别处说起过这只巴西松鼠，它全身呈深铜绿色，翘起的尾巴顶端和腹部则是红色的。兴许我这样描绘它还早了点儿，其实我对它并没有一个基本的了解，因为，那时我把它叫作“母松鼠”和丽科特。比我聪明的人恐怕也会弄错的……

我一开始就觉察到皮蒂里基确实野性十足，换句话说，它对于人一无所知，竟以为可以无所顾忌。它的身上燃烧着一颗海盗和山大王的灵魂，并在它那站起来才 22 厘米长的身体内随意地表现出来。

第一天，它就把波斯猫吓得直哆嗦，而巴儿狗在它面前竟也说不出话来。瞧着这个快快活活、疯疯癫癫的家伙一本正经地坐在椅子靠背上，瞪着那双像羚羊般椭圆形眼睛盯着每一样东西，谁会不发抖呢？它一边口中咂咂作响，一边摇晃它那镶有一条“绦带”的可爱的圆耳朵，把榛子壳和它的威风胡乱撒向我那些惊愕不已的小动物。

第一天，它喝牛奶，在我的头发上蹭干净两只手，然后模仿松鸦的叫声，往空中蹦跳。它沿着天花板的突饰奔跑，过一会儿，又趴在一块路易十六时代的地毯上，把一个戴头盔的半裸人物的鼻子吃掉。不过，它并不认为我会惩罚它，又回到我的肩上，梳理我的头发，把冰冷而友好的小鼻子、肉乎乎的舌头在我耳朵下方蹭，它那独特的气息散发出麝香的芬芳。

“它挺好看，可是……它对人亲热吗？”我的朋友们这么问道。

我觉得，他们这样直截了当地提出问题真放肆，他们的问题总是同样的问题。多么苛刻，而且，对待动物多么卑劣……“有来有往”，可我们又给了些什么呢？一点儿食物和一条锁链。

“拴住它，它抓了一团毛线！”

一条在皮蒂里基童年时就箍在它腰周围的锁链磨损了它的毛皮。它那如羽毛般轻盈、如火焰般闪烁、翘在空中的尾巴在跳来跳去时便发出一种如苦役犯戴的镣铐的声音。

“抓住它，把它拴住，它把糖果盒拿走啦！”

它被缚住之后，就把手指长长的手，那一天要洗十次，保养得很好的手塞进钢制腰带和肋部之间，陷入沉思。当我带它去乡间时，我恍然大悟，直到那时，它一直过的是沉闷的城市生活。它没有立刻走出敞开的笼门。它把一双手紧紧贴在胸前，出神地凝视着由花园、草地和大海构成的一片无边的绿色，身体则有规律地战栗，我只能把这种战栗比作生命垂危的蝴蝶的抖动。它的美丽的、如一颗泪珠般凸起的眼睛里映出一片绿色。不过，皮蒂里基已经与我们一道生活了相当长的时间，并不指望有过分的恩赐。我牵住链子的另一端，它便随我一起在草坪上行走。在草地上，它干净利落地小便，采摘一粒粒黑色的野果籽。然后，它用前肢攫住一棵鲜花盛开的女贞树底部的枝丫，发疯似的摇晃它，咬住它，仿佛要看看这树枝是不是活的。

这时，它瞧见空中飞过的鸟儿，便伸长脖子向鸟儿致意，这一举动几乎使它离了地面……

然而，那时候它只有一条稍长的锁链。难道不该提防野猫、狗、寒夜，尤其是我放养的四只来回盘旋瞭望的雀鹰吗？那些自由自在地走动的动物渐渐走近它，有时使它亢奋，有时惹它恼怒。它遇见一条脆蛇蜴，耳朵之间的前额上便立即堆起皱纹，竖起了脖子和尾巴的簇毛，血丝也蒙上了暗色水晶一样的眼睛。在我起来调解之前，皮蒂里基已经翻了个空心筋斗，像只好斗的公鸡在空中打了个旋，那蠕蠕而动、并不伤人的小蛇已然躺在地上，断成两截……

但是，对癞蛤蟆，松鼠只是表现出相当反常的厌恶。有时，它向表皮长满疙瘩的、肥肥的雌性癞蛤蟆伸出爪子，显得挺友好地搔它那脓疱状的脑袋，但是，癞蛤蟆却鼓起了肚子，表示抗拒，皮蒂里基气得眼都红了（确实如此），发出刺耳的喊杀声。

它度过了愉快而又充实的复活节假日，它发胖了。除了我敲开给它的榛子、核桃、杏仁外，它还咬了窗帘、镜框的一角，凿穿了一把银匙，整天把一根葡萄枝搂在怀里走来走去，用嘴唇舔着。它轻盈地在我双肩之间蹿来蹿去，往我耳朵里吹气，可是，我讨厌它身上那条链子的声音和它柔软光滑的肋部周围那一小圈被磨损的皮毛。

五六月间，在巴黎，我那小小的园子里开满了白洋槐花、杜鹃花和葵花。皮蒂里基关在笼子里，把它的可爱的鼻子挤在两条栏杆之间……我知道，我终将打开笼子，解开它的锁链，而且我会想它的。

我给皮蒂里基以自由的时候，回想起来正是六月，温煦的微风轻轻吹拂，洋槐花和双瓣樱桃花如一条条雪白的斜线在空气中摇曳，而自由了的松鼠却一动也不动，它两只手交叉，久久地、全神贯注地坐在窗台上。它开始做它的习惯动作，把手塞进腹部和链子之间，但它没找到链子。它笨拙而轻轻地跳了一下，估量那根原先拴它的断链带的确切长度，然后，又试着跳了一下，那时，它只是瞅着我。最后，它不安地咳嗽，急急地奔跑起来，然后，消失得无影无踪。

暮霭降临时，我呼唤它的名字，但没有用。可是，夜色深沉时，窗台上面响起了松鼠那轻轻的、朴实的干咳声，它呼唤着我，皮蒂里基像主人似的回到房间。它步履蹒跚，因户外的空气、树木、鲜花和海拔高度而为之心醉。它就着盥洗盆的水嘴畅饮，用一双手梳洗一番，准备床铺——那个它每天晚上打开，然后又裹在身上的毛线团，像粗汉那样嘟囔："我的床！我的床！"夜里，它乱梦萦绕。第二天，我又见到它自由自在地坐在窗边，等待着折断那条其实已不再存在的链子……

那天，它没有离开花园。在杜鹃花、洋槐花丛中，在我那低矮的房子的天沟里，重又开始像人间天堂一般的生活。一群飞来飞去的燕子和麻雀围着皮蒂里基，对它鸣叫，时而用喙吸它，它便咕叽不休，开始蹦蹦跳跳，鸟儿们见它这样，劈劈啪啪地像鼓掌似的舞动翅膀。它欣喜若狂，忘乎所以，追逐我那宝贝猫，把猫从洋槐树那儿撵走，它得意扬扬，像洗瓶毛刷那样蹲在洋槐树上，一脸满不在乎、睥睨①万物的神态："现在，轮到谁啦？"

放假了，我们管不着它啦……皮蒂里基来到花园，在三条小径环绕的几幢住房附近玩耍。它远没失去爱交际的性情，甚至还向那儿的居民施展自己的社交影响，于是，便有人来告诉我：

"皮蒂里基在尼古罗街午餐，吃了高脚盘里的核桃和一些葡萄干……"

"皮蒂里基在维塔尔街躺了两个小时。它坐在钢琴上，听小姑娘学唱歌……"

① 睥睨（pì nì）：眼睛斜着看，表示傲视或厌恶。

“有人从埃格隆·勒鲁太太家来，说要看看皮蒂里基有没有带来一把镶银的玳瑁小梳子，它是从小梳妆台上拿走的。埃格隆·勒鲁太太说，如果找不到，也没关系……”

它每天早出晚归，精力充沛，皮毛光亮，因为获得自由的缘故，甚至因为感恩的缘故，它显得神采奕奕，它从不忘记回家，从不忘记向我滥施松鼠式的爱抚和亲吻。这重新开始的世界，这一平衡状态，这野生动物和我们之间的纯洁关系，持续了两三个星期。一天晚上，皮蒂里基没有回来，后来的晚上也没有再回来。

正是因为想起皮蒂里基，想起那些生活在我们中间感到别扭，因而悲伤地隐居起来的其他野生动物，我才常常体味到“对人的厌恶”。

（谭立德/译　有删改）

单元学习任务

任务一

在本单元文章中，你发现哪些语句或段落表现了人性关怀的主题？摘录是一种很好的读书方法，我们可以自制读书卡片，摘录相关语句，简要概括文章的中心思想。

文章名称	我摘录的语句	文章的中心思想
牛		
父亲的玳瑁		
猫（夏丏尊）		
猫（靳以）		
小麻雀		
白鹅		
鸟		
松鼠		

任务二

“人之初，性本善”，人性中最温暖的，是对他人（他物）的关心，这种毫无功利之心的爱最令人动容。请结合本单元的文章，说说我们该如何与动物相处共存。

任务三

本单元文章有的表达了对动物的欣赏，有的表达了对动物命运的关注，有的表现了人与动物的矛盾冲突及反思。请你写一份“尊重动物，善待生命”的倡议书，张贴在班级或者校园的宣传栏内。（温馨提示：倡议书格式通常有标题、称呼、正文、结尾、署名和日期六项内容。观点要正确，条理要清晰，要有感召力和倡导性，200 字左右）

尊重动物，善待生命

____

____

____

____

____

自查清单

□格式正确（标题、称呼、正文、结尾、署名和日期）
□观点正确
□条理清晰
□有感召力和倡导性
□ 200 字左右

自由之灵

慷慨无私的大自然给万物提供了生存空间，繁花似锦，树木葱茏，动物欢跃……万物生机勃勃。这些自然之子的自由之态是最可贵的，也是最美丽的，即便只是静静旁观，我们也会心生无限感慨……感谢那些优秀的作家，他们用生花妙笔，将这些生灵最鲜活的本色，蕴藏在字里行间，带着原始生命力的冲击，给我们的灵魂以深深的震撼。

学习本单元文章，要继续进行默读训练，勾画、摘录文中的重要语句或段落，学会概括文章的中心思想；通过品析生动形象、活泼风趣的语言，体会作者对动物真挚的感情，感受纯真的自然之美与人性之美。

自由阅读

1. 老鼠应该有一个好收成

⊙刘亮程

我用一个下午，观察老鼠洞穴。我坐在一蓬白草下面，离鼠洞约二十米远。这是老鼠允许我接近的最近距离。再逼近半步，老鼠便会仓皇逃进洞穴，让我什么都看不见。

老鼠洞筑在地头一个土包上，有七八个洞口。不知老鼠凭什么选择了这个较高的地势。也许是在洞穴被水淹了多少次后，知道了把洞筑在高处。但这个高它是怎样确定的？靠老鼠的寸光之目，是怎样对一片大地域的地势做高低判断的？它选择一个土包，爬上去望望，自以为身居高处，却不知这小土包是在一个大坑里。这种可笑短视行为连人都无法避免，何况老鼠。

但老鼠的这个洞的确筑在高处。以我的眼光，方圆几十里内，这也是最好的地势，再大的水灾也不会威胁到它。

这个蜂窝状的鼠洞里住着大约上百只老鼠，每个洞口都有老鼠进进出出，有往外运麦壳和杂渣的，有往里搬麦穗和麦粒的。那繁忙的景象让人觉得它们才是真正的收获者。

有几次我扛着锹过去，忍不住想挖开老鼠的洞看看里面到底贮藏了多少麦子。但我还是没有下手。

老鼠洞分上中下三层，老鼠把麦穗从田野里运回来，先贮存在最上层的洞穴里。中层是加工作坊。老鼠把麦穗上的麦粒一粒粒剥下来，麦壳和渣质被运出洞外，干净饱满的麦粒从一个垂直洞口滚落到最下层的底仓里。

每一项工作都有严格的分工，不知这种分工和内部管理是怎样完成的。在一群匆忙的老鼠中，哪一个是它们的王，我不认识。我观察了一下午，也没有发现一只背着手迈着方步闲转的官鼠。

我曾在麦地中看见一只当搬运工具的小老鼠，它仰面朝天躺在地上，四肢紧抱着几支麦穗，另一只大老鼠用嘴咬住它的尾巴，当车一样拉着它走。我走近时，拉的那只扔下它跑了，这只不知道发生了啥事，抱着麦穗躺在地上发愣。我踢了它一脚，它才反应过来，一骨碌爬起来，扔下麦穗便跑。我看见它的脊背上磨得红稀稀的，没有了毛，跑起来一歪一斜，像是很疼的样子。

以前我在地头见过好几只脊背上没毛的死老鼠，我还以为是它们相互厮打致死的，现在明白了。

在麦地中，经常能碰到几只匆忙奔走的老鼠，它让我停住脚步，想想自己这只忙碌的“大老鼠”一天到晚又忙出了啥意思。我终生都不会走进老鼠深深的洞穴，像个客人，打量它堆满底仓的干净麦粒。

老鼠应该有这样的好收成。这也是老鼠的土地。

我们未开垦时，这片长满矮蒿的荒地上到处是鼠洞，老鼠靠草籽和草秆为生，过着富足安逸的日子。我们烧掉蒿草和灌木，毁掉老鼠洞，把地翻一翻，种上麦子。我们以为老鼠全被埋进地里了。当我们来割麦子的时候，发现地头筑满了老鼠洞，它们已先我们开始了紧张忙碌的麦收。这些没草籽可食的老鼠，只有靠麦粒为生。被我们称为细粮的坚硬麦粒，不知合不合老鼠的口味，老鼠吃着它胃舒不舒服。

这些匆忙的抢收者，让人感到丰收和喜悦不仅仅是人的，也是万物的。

我们喜庆的日子，如果一只老鼠在哭泣，一只鸟在伤心流泪，我们的欢乐将是多么孤独和尴尬。

在我们周围，另一种动物也在为这片麦子的丰收而欢庆，我们听不见它们的笑声，但能感觉到。

它们和村人一样期待了一个春天和一个漫长夏季。它们的期望没有落空。我们也没落空。它们用那只每次只能拿一支麦穗、捧两颗麦粒的小爪子，从我们的大丰收中拿走一点儿，就能过上很好的日子。而我们，几乎每年都差那么一点儿，也能幸福美满地吃饱肚子。

2. 海　燕

⊙郑振铎

乌黑的一身羽毛，光滑漂亮，积伶积俐，加上一双剪刀似的尾巴，一对劲俊轻快的翅膀，凑成了那样可爱的活泼的一只小燕子。当春间二三月，轻飔[①]微微地吹拂着，如毛的细雨无因地由天上洒落着，千条万条的柔柳，齐舒了它们黄绿的眼，红的白的黄的花，绿的草，绿的树叶，皆如赶赴市集者似的奔聚而来，形成了烂漫无比的春天时，那些小燕子，那么伶俐可爱的小燕子，便也由南方飞来，加入了这个隽妙无比的春景的图画中，为春光平添了许多的生趣。小燕子带了它的双剪似的尾，在微风细雨中，或在阳光满地时，斜飞于旷亮无比的天空之上，唧的一声，已由这里稻田上，飞到了那边的高柳之下了。另有几只却隽逸[②]地在粼粼如縠[③]纹的湖面横掠着，小燕子的剪尾或翼尖，偶沾了水面一下，那小圆晕便一圈一圈地荡漾开去。那边还有飞倦了的几对，

① 轻飔（sī）：轻柔的凉风。

② 隽（jùn）逸：现用作“俊逸”。俊秀飘逸。

③ 縠（hú）：有皱纹的纱。

闲散地憩息于纤细的电线上——嫩蓝的春天，几支木杆，几痕细线连于杆与杆之间，线上停着几个粗而有致的小黑点，那便是燕子，是多么有趣的一幅图画呀！还有一家家的快乐家庭，他们还特为我们的小燕子备了一两个小巢，放在厅梁的最高处，假如这家有了一个匾额，那匾后便是小燕子最好的安巢之所。第一年，小燕子来住了，第二年，我们的小燕子，就是去年的一对，它们还要来住。

“燕子归来寻旧垒。”

还是去年的主，还是去年的宾，他们宾主间是如何的融融泄泄呀！偶然的有几家，小燕子却不来光顾，那便很使主人忧戚，他们邀召不到那么隽逸的嘉宾，每以为自己命运的蹇劣[①]呢。

这便是我们故乡的小燕子，可爱的活泼的小燕子，曾使几多的孩子们欢呼着、注意着、沉醉着，曾使几多的农人们、市民们忧戚着，或舒怀地指点着，且曾平添了几多的春色、几多的生趣于我们的春天的小燕子！

如今，离家是几千里！离国是几千里！托身于浮宅之上，奔驰于万顷海涛之间，不料却见着我们的小燕子。

这小燕子，便是我们故乡的那一对、两对吗？便是我们今春在故乡所见的那一对、两对吗？见了它们，游子们能不引起了——至少是轻烟似的，一缕两缕的乡愁吗？

海水是皎洁无比的蔚蓝色，海波是平稳得如春晨的西湖一

---

① 蹇（jiǎn）劣：困顿不顺。

样；偶有微风，只吹起了绝细绝细的千万个粼粼的小皱纹，这更使照晒于初夏之太阳光之下的、金光灿烂的水面显得温秀可喜。我没有见过那么美的海！天上也是皎洁无比的蔚蓝色，只有几片薄纱似的轻云，平贴于空中，就如一个女郎，穿了绝美的蓝色夏衣，而颈间却围绕着一段绝细绝轻的白纱巾。我没有见过那么美的天空！我们倚在青色的船栏上，默默地望着这绝美的海天；我们一点杂念也没有，我们是被沉醉了，我们是被带入晶天中了。

就在这时，我们的小燕子，两只，三只，四只，在海上出现了。它们仍是隽逸地、从容地在海面上斜掠着，如在小湖面上一样；海水被它们的似剪的尾与翼尖一打，也仍是连漾了好几圈圆晕。小小的燕子，浩荡的大海，飞着飞着，不会觉得倦吗？不会遇着暴风疾雨吗？我们真替它们担心呢！

小燕子却从容地憩着了。它们展开了双翼，身子一落，落在海面上了，双翼如浮圈似的支持着体重，活是一只乌黑的小水禽，在随波上下地浮着，又安闲，又舒适。海是它们那么安好的家，我们真是想不到。

在故乡，我们还会想象得到我们的小燕子是这样的一个海上英雄吗？

海水仍是平贴无波，许多绝小绝小的海鱼，为我们的船所惊动，群向远处窜去。随了它们飞窜着，水面起了一条条的长痕，正如我们当孩子时用瓦片打水漂在水面所划起的长痕。这小鱼是我们小燕子的粮食吗？

小燕子在海面上斜掠着，浮憩着。它们果是我们故乡的小燕子吗?

啊，乡愁呀，如轻烟似的乡愁呀!

我国最早的长篇叙事诗

我国最早的长篇叙事诗，是汉代的《孔雀东南飞》，该诗共350多句，1700多字。诗歌描写了庐江郡（今属安徽省）小吏焦仲卿和妻子刘兰芝，因受家长威权压迫而致死的悲剧，并歌颂了他们的反抗精神。

该诗故事完整，语言朴素，人物性格鲜明突出，后来还被改编成剧本，搬上了舞台。

3. 马

⊙吴伯箫

马是天池之龙种。那自是一种灵物。

——庾信《春赋》

也许是缘分，从孩提时候我就喜欢了马。三四岁，话怕才咿呀会说，亦复刚刚记事，朦胧想着，仿佛家门前，老槐树荫下，站满了大圈人，说不定是送四姑走呢。老长工张五，从东院牵出马来，鞍鞯都已齐备，右手是长鞭，先就笑着嚷："跟姑姑去吧？"说着一手揽上了鞍去，我就高兴着忸怩学唱："骑白马，吭铃吭铃到娘家……"大家都笑了。准是父亲，我是喜欢父亲而却更怕父亲的，说："下来吧！小小的就这样皮。"一团高兴全飞了。下不及，躲在了祖母跟前。

人，说着就会慢慢儿大的。坡里移来的小桃树，在菜园里都长满了一握。姐姐出阁了呢。那远远的山庄里，土财主。每次搬回来住娘家，母亲和我们弟弟，总是于夕阳的辉照中，在庄头眺望的。远远听见了銮铃声响，隔着疏疏的杨柳，隐约望见了在马上招手的客人，母亲总禁不住先喜欢得落泪，我们也快活得像几只鸟，叫着跑着迎上去。问着好，从伙计的手中接过马辔[1]来，姐姐总说："又长高了。"车门口，也是彼此问着好；客人尽管是一边笑着，偷回首却是满手帕的泪。

家乡的日子是有趣的。大年初三四，人正闲，衣裳正新，春联的颜色与小孩的兴致正浓。阖村有马的人家，都相将牵出了马来。雪掩春田，正好驰骤竞赛呢。总也有三五匹吧，骑师是各自当家的。我们的，例由比我大不了几岁的叔父负责，叔父骑腻了，就是我的事。观众不少啊：阖村的祖伯叔，兄弟行辈，年老的太太，较小的邻舍侄妹，一凑就是近百的数目。崭新的年衣，咳笑的乱语，是同了那头上亮着的一碧晴空比着光彩的。骑马的人自然更是鼓舞有加喽。一鞭扬起，真像霹雳弦惊，飕飕的那耳边风丝，恰应着一个满心的矜持与欢快。驰骋往返，非到了马放大汗不歇。毕剥的鞭炮声中，马打着响鼻，像是凯旋，人散了。那是一幅春郊试马图。

那样直到上元，总是有马骑的亲戚家人来人往，驴骡而外，代步的就是马。那些日子，家里最热闹，年轻人也正蓬勃有生气。姑表堆里，不是常常少不了戏谑[2]吗？春酒筵[3]后，不下象棋的，就出门遛几趟马。

① 马辔（pèi）：驭马的嚼子和缰绳。

② 戏谑（xuè）：用诙谐有趣的话开玩笑。

③ 筵（yán）：酒席。

孟春雨霁，滑汰[1]的道上，骑了马看卷去的凉云，麦苗承着残滴，草木吐着新翠，那一脉清鲜的泥土气息，直会沁人心脾。残虹拂马鞍，景致也是宜人的。

端阳，正是初夏，天气多少热了起来。穿了单衣，戴着箬笠，骑马去看戚友，在途中，偶尔河边停步，攀着柳条，乘乘凉，顺便也数数清流的游鱼，听三两渔父，应着活浪活浪的水声，哼着小调儿，这境界一品尚书是不换的。不然，远道归来，恰当日衔半山，残照红于榴花，驱马过三家村边，酒旗飘处，斜睨着“闻香下马”那么几个斗方大字，你不馋得口流涎吗？才怪！鞭子垂在身边，摇摆着，狗咬也不怕。“小妞！吃饭啦，还不给我回家！”你瞧，已是吃大家饭的黄昏时分了呢。把缰绳一提，我也赶我的路，到家掌灯了，最喜那满天星斗。

真是家乡的日子是有趣的。

当学生了。去家五里遥的城里。七天一回家，每次总要过过马瘾的。东岭，西洼，河埃，丛林，踪迹殆遍殆遍。不是午饭都忘了吃吗？直到父亲呵斥了，才想起肚子饿来。反正父亲也是喜欢骑马的，呵斥那只是一种担心。啊，生着气的那慈爱喜悦的心啊！

祖父也爱马，除了像《三国志》那样几部老书。春天是好骑了马到十里外的龙潭看梨花的。秋来也喜去看矿山的枫叶。马夫，别人争也无益，我是抓定了的官差。本来嘛，祖孙两人，缓辔蹒

①汰（tà）：滑溜，光滑。

蹦于羊肠小道，或浴着朝暾[①]，或披着晚霞，闲谈着，也同乡里交换问寒问暖的亲热地说话；右边一只鸟飞了，左边一只公鸡喔喔在叫，在纯朴自然的田野中，我们是陶醉着的。Old man is the twice of child，我们也志同道合。

最记得一个冬天，满坡白雪，没有风，老人家忽而要骑马出去了，他就穿了一袭皮袍，暖暖的，系一条深紫的腰带，同银白的胡须对比的也戴了一顶绛紫色的风帽，宽大几乎当得斗篷，马是棕色的那一匹吧，跟班仍旧是我。出发了呢？那情景永远忘不了。虽没去做韵事，寻梅花，当我们到岭巅头，系马长松，去俯瞰村舍里的缕缕炊烟，领略那直到天边的皓洁与荒旷的时候，却是一个奇迹。

说呢，孩子时候的梦比就风雨里的花朵，是一招就落的。转眼，没想竟是大人了。家乡既变得那样苍老，人事又总坎坷纷乱，闲暇少，时地复多乖离，跃马长堤的事就稀疏寥落了。可是我还是喜欢马呢：不管它是银鬃，不管它是赤兔，也不管它是泥肥骏瘦、蹄轻鬣[②]长，我都喜欢。我喜欢刘玄德跃马过檀溪的故事，我也喜欢“泥马渡康王”的传说，即使荒诞不经吧，却都是那样神秘超逸，令人深深向往。

徐庶走马荐诸葛，在这句话里，我看见了大野中那位热肠的而又洒脱风雅的名士。骑马倚长桥，满楼红袖招，你看那于绿

---

① 朝暾（tūn）：初升的太阳。也指早晨的阳光。

② 鬣（liè）：某些兽类（如马、狮子等）颈上的长毛。

草垂杨临风伫立的金陵年少，丰采又够多么英俊翩翩呢。固然敝车羸[①]马，颠顿于古道西风中，也会带给人一种寂寞怅惘之感的，但是，这种寂寞怅惘，不是也正可于这种情景下令人留恋的吗？——前路茫茫，往哪里去？当你徘徊踟蹰时就姑且信托一匹龙钟的老马，跟了它一东二冬地走吧。听说它是认识路的。譬如那回忆中幸福的路。

你不信吗？“非敢后也，马不进也。”那个落落大方说着这样话的家伙，要在跟前的话，我不去给他执鞭坠镫才怪哪。还有那冯异将军的马，看着别人擎擎着一点点劳碌就都去觍颜[②]献功，而自己的主人却踢开了丰功伟烈，兀自巍然堂堂地站在了大树根下，仿佛只是吹吹风的那种神情的时候，不该照准了那群不要脸的东西去乱踢一阵，而也跑到旁边去骄傲地跳跃长啸吗？那应当是很痛快的事。

十万火急的羽文，古时候有驿马飞递：探马报道，寥寥四个字里，活活绘出了一片马蹄声中那营帐里的忙乱与紧急，百万军中，出生入死，不也是凭了征马战马才能斩将搴[③]旗的吗？飞将在时，阴山以里就没有胡儿了。

落日照大旗，马鸣风萧萧。[④]

---

① 羸（léi）：瘦弱。

② 觍（tiǎn）颜：厚颜。

③ 搴（qiān）：拔取。

④ 落日照大旗，马鸣风萧萧：出自唐代杜甫的《后出塞五首（其二）》，描写的是边地傍晚行军的场景。

哙[1]，怎么这样壮呢！胆小的人不要哆嗦啊，你看，那风驰电掣地闪了过去又风驰电掣地闪了过来的，就是马。那就是我所喜欢的马。——弟弟来信说，“家里才买了一匹年轻的马，挺快的。……”真是，说句儿女情长的话，我有点儿想家。

① 哙：语气词，表示惊讶或赞叹，相当于“嚯”。

4. 森林中的绅士

⊙茅　盾

据说北美洲的森林中有一种“得天独厚”的野兽，这就是豪猪。这是“森林中的绅士”！

这是在头部、背部、尾巴上，都长着钢针似的刺毛的四足兽，所谓“绅士相处，应如豪猪与豪猪，中间保持相当的距离”，就因为太靠近了彼此都没有好处。不过豪猪的刺还是有形的，绅士之刺则无形，有形则长短有定，要保持相当的距离总比无形者好办些，而这也是模仿豪猪的绅士们“青出于蓝”的地方。

但豪猪的“绅士风度”之可贵，尚不在那一身的钢针似的刺毛。它是矮胖胖的，一张方正而持重的面孔，老是踱着方步，不慌不忙。它的潇洒悠闲，实在也到了殊堪钦佩的地步：可以在一些滋味不坏的灌木丛中玩上一个整天，很有教养似的边走边哼，逍遥自得，无所用心，宛然是一位乐天派。它不喜群的生活，但也并非完全孤独，由此可见它在“待人接物”上多么有分寸。

若非万不得已，它决不旅行，整年整季，它的活动范围不出三四里地。一连几星期，它只在三四棵树上爬来爬去；它躺在树枝间，从容自在地啃着树皮，啃得倦了，就打个瞌睡；要是睡中一个不小心倒栽下来，那也不要紧，它那件特别的长毛大衣会保护它的尊躯。

它也不怕跌落水里去，它全身的两万刺毛都是中空的，它好比穿了件救生衣，一到水里，自会浮起来的。

而这些空心针似的刺毛又是绝妙的自卫武器，别的野兽身上要是刺进了几十枚这样的空心针，当然会有性命之忧，因为这些空心针是角质的，刺进了温湿的肌肉，立刻就会发胀，而且针上又遍布了倒钩，倒钩也跟着胀大，倒钩的斜度会使得那针愈陷愈深。因此，遇到外来的攻击时，豪猪的战术是等在那里“挨打”，让敌人自己碰伤，知难而退。因为它那些刺毛只要轻轻一碰就会掉落，而又因其尖利非凡，故一碰之下未有不刺进皮肉的。

然而具有这样头等的自卫武器的它，却有老大的弱点：肚皮底下没刺毛，这是不设防地带，小小的老鼠只要能够设法钻到豪猪的肚皮底下，就是胜利者了。但尤其脆弱的，是豪猪的鼻子。一根棍子在这鼻尖上轻轻敲一下，就是致命的。这些弱点，豪猪自己知道得很清楚；所以遇到敌人的时候，它就把脑袋塞在一根木头下面，这样先保护好它那脆弱的鼻子，然后四脚收拢，平伏地面，掩蔽它那不设防的腹部，末了，就耸起浑身的刺毛，摆好了“挨打”的姿势。当然，它还有一根不太长然而也还强壮有力的尾巴（和它身长比较，约为五与一之比），真是一根狼牙棒，它可以左右挥动，敌人要是挨着一下，大概受不住；可是这根尾巴的挥动因为缺乏一双眼睛来指示目标，也只是守势防御而已。

敌人也许很狡猾，并不进攻，却悄悄地守在旁边静候机会，那时候，豪猪不能不改变战术了。它从掩蔽部抽出了鼻子，拼命低着头（还是为了保护鼻子），倒退着走，同时猛烈挥动尾巴，这样“背进”到了最近一棵树，它就笨拙地往上爬，爬到了相当高度，自觉已无危险，便又安安逸逸躺在那里啃起嫩枝来，好像根本没有发生过什么事情似的。

这真是典型的绅士式的“镇静”。的的确确，它的一切生活方式——连它的战术在内，都是典型的绅士式的。但正像我们的可敬的绅士们尽管“得天独厚”、悠游自在，却也常常要无病呻吟一样，豪猪也喜欢这调门。好好地它会忽然发出了声音摇曳而凄凉的哀号，单听那声音，你以为这位“森林中的绅士”一定是碰到绝大的危险，性命就在顷刻间了；然而不然。它这时安安逸逸坐在树梢上，方正而持重的脸部照常一点表情也没有，可是它独自在哀啼，往往持续至一小时之久，它这样无病而呻吟是玩玩的。

据说向来盛产豪猪的安地郎达克山脉，现在也很少看见豪猪了，以至美国地方政府不得不用法令来保护它了。为什么这样“得天独厚”，具有这样巧妙自卫武器的豪猪会渐有绝种之忧呢？是不是它那种太懒散而悠闲的生活方式使之然呢？还是因为它那“得天独厚”之处存在着绝大的矛盾——几乎无敌的刺毛以及毫无抵抗力的暴露着的鼻子——所以结果仍然于它不利呢？

我不打算在这里来下结论，可是我因此更觉得豪猪的“生活方式”叫人看了寒心。

“经、史、子、集”四部

我国古代图书分为“经、史、子、集”四部，那么它们是怎样来划分的呢？

“经部”，中国古代图书四部分类中第一大类的名称。收儒家经典及小学类著作。

“史部”，中国古代图书四部分类中第二大类的名称。收各种体裁的历史著作。

“子部”，中国古代图书四部分类中的第三大类的名称。收诸子百家及释道宗教的著作。

“集部”，中国古代图书四部分类中第四大类的名称。收历代作家个人或多人的散文、骈文、诗、词、散曲、诗文评论、戏曲等著作。

5. 夏天的昆虫

⊙汪曾祺

蝈　蝈

蝈蝈在我们那里叫作"叫蚰子"。因为它长得粗壮结实，样子也不大好看，还特别在前面加一个"侉[①]"字，叫作"侉叫蚰子"。这东西就是会呱呱地叫。有时嫌它叫得太吵人了，在它的笼子上拍一下，它就大叫一声："呱！——"停止了。它什么都吃。据说吃了辣椒更爱叫，我就挑顶辣的辣椒喂它。早晨，掐了南瓜花（谎花）喂它，只是取其好看而已。这东西是咬人的。有时捏住笼子，它会从竹篾的洞里咬你的指头肚子一口！

另有一种秋叫蚰子，较晚出，体小，通身碧绿如玻璃料，叫声清脆。秋叫蚰子养在牛角做的圆盘中，顶面有一块玻璃。我能自己做这种牛角盒子，要紧的是弄出一块大小合适的圆玻璃。把玻璃放在水盆里，用剪子剪，则不碎裂。秋叫蚰子价钱比侉叫蚰子贵得多。养好了，可以越冬。

---

① 侉（kuǎ）：口音与本地语音不同。

蝉

蝉大别有三类。一种是“海溜”，最大，色黑，叫声洪亮。这是蝉里的楚霸王，生命力很强。我曾捉了一只，养在一个断了发条的旧座钟里，活了好多天。一种是“嘟溜”，体较小，绿色而有点银光，样子最好看，叫声也好听：“嘟溜——嘟溜——嘟溜”。一种叫“叽溜”，最小，暗赭色，也是因其叫声而得名。

蝉喜欢栖息在柳树上。古人常画“高柳鸣蝉”，是有道理的。

北京的孩子捉蝉用粘竿——竹竿头上涂了粘胶。我们小时候则用蜘蛛网。选一根结实的长芦苇，一头撅成三角形，用线缚住，看见有大蜘蛛网就一绞，三角里络满了蜘蛛网，很黏。瞅准了一只蝉，轻轻一捂，蝉的翅膀就被粘住了。

佝偻丈人承蜩，不知道用的是什么工具。

蜻　蜓

家乡的蜻蜓有四种。

一种极大，头胸浓绿色，腹部有黑色的环纹，尾部两侧有革质的小圆片，叫作“绿豆钢”。这家伙厉害得很，飞时巨大的翅膀磨得嚓嚓地响。或捉之置室内，它会对着窗玻璃猛撞。

一种即常见的蜻蜓，有灰蓝色和绿色的。蜻蜓的眼睛很尖，但到黄昏后眼力就有点不济。它们栖息着不动，从后面轻轻伸手，一捏就能捏住。玩蜻蜓有一种恶作剧的玩法：掐一根狗尾巴草，把草茎插进蜻蜓的屁股，一撒手，蜻蜓就带着狗尾巴草的穗子飞了。

一种是红蜻蜓。不知道什么道理，说这是灶王爷的马。

另有一种纯黑的蜻蜓，身上、翅膀都是深黑色，我们叫它鬼蜻蜓，因为它有点鬼气。也叫“寡妇”。

刀　螂

刀螂即螳螂。螳螂是很好看的。螳螂的头可以四面转动。螳螂翅膀嫩绿，颜色和脉纹都很美。昆虫翅膀好看的，为螳螂，为纺织娘。

或问：你写这些昆虫什么意思？答曰：我只是希望现在的孩子也能玩玩这些昆虫，对自然发生兴趣。现在的孩子大都只在电子玩具包围中长大，未必是好事。

6. 黄蜂筑巢

⊙周　涛

到了霜降的时候，黄蜂陆续坠落阳台了。一只又一只，总是不断地出现。却又不会大批地同时死亡，有时候扫地，扫帚前面就蠕动着一两只。

秋日的阳光温厚无力地照耀着，像摊开四肢时缓缓输送的血脉。秋的日子将尽，前面似有一堵无力逾越的无形的墙，在秋风的驿马来往传送急件时，挡住了那些没有办好移民文件的小生命。

黄蜂的家族里，大部分没有办好移往冬天的手续。在阳台上，我听见一个细嗡嗡的声音说：生活着多么好啊。但是我们，只有一死了。

我听见了这声音，不忍把这只蜂扫进尘土和枯叶里，便用扫帚挑起它，轻轻放到窗台上，它像一个打秋千的小孩一样紧紧抓住扫帚尖，然后落在一片宁静的秋天里。

秋天的阳光罩住这个小小生命。仿佛舞台的灯光罩住一个即将谢幕的芭蕾舞演员。它的翅膀像裙子般垂落，透明地遮住它的小身躯，身躯在阳光下异样的鲜明美丽。

那样的金黄上印着那样的黑纹，仿佛是出自名家之手的套色版面，那金黄应该是晚熟的金皇后玉米颗粒的黄，浸透了阳光的纯金之色，而那黑纹斑，却是无月之夜的浓黑。这两者套印在它的身上，就是夜与昼，生命与死亡，温柔和峻厉，无限与短暂。

它蠕动，欲飞，颤抖，然后停住。仿佛它已经明了生命的期限似的，开始整顿自己。用毛茸茸的两只小手收拾整理自己的触须，像吕布拨弄两根长长的花翎那样，认真而又骄傲。那是两根多么漂亮的触须啊，它捋着它，一遍又一遍，如同一个清洁的爱美的人。

小家伙！

你原来是如此自爱呢！

可是我们原来是怎么认识你的呢？我原来还以为你是个四处寻衅的亡命之徒呢！你的屁股后面总是挂着一支毒箭，随时准备刺向仇敌，我以为你是好斗的。黄蜂尾上针嘛，我至今记得童年捅马蜂窝时，几只毛茸茸的小爪子紧紧抠住鼻子上的毛孔，然后狠狠一刺……至今鼻子还大着。

黄蜂就是马蜂，春天时竟在阳台的墙缝里筑了巢，嗡嗡嘤嘤，不时地有起飞和返航，小小阳台一下成了热闹的空军基地，给一家人造成威胁。要想毁掉这个基地和里面的众多“歼击机”也很容易，晚上用一团泥巴糊住墙缝，就全数“闷”死在里面了。但是……何苦呢，毕竟是一些没有攻击过人的小生命，即便是黄蜂，也不忍去荼毒无辜。“到了秋天，它们自己就完了。”我说。

从春天到夏天，它们天天从我们的头顶、脸前飞来掠去，人无伤害之心，蜂子也决不主动攻击，连误会也没发生。相安无事之下，我忽然发现了这些小家伙是非常有灵性、非常善解人意的，它们仿佛看得见你的心里没有存着歹意。

后来，我越看越觉出它们的可爱、团结、忙碌，甚至把观察它们的活动当作了我每天的乐趣。金色蜂群仿佛是阳光的锋芒变幻孵化而出的生命，连同那嗡嗡的声音也像是夏日阳光的声音呢……这些一粒一粒的、飞翔的小光芒啊！

再后来，就是寒露、霜降了。

它们挣扎在季节的墙边，坠落在时限的海关前，无限珍惜，异常温柔。它们当中没有一个使用过上天配发给自己的箭。我听见这些陆续坠落阳台的小生命说：生活着多好啊，但是我们，只有一死了。

明日立冬。明年请务必再来聚会啊，小家伙！

7. 爷爷与狼

⊙厉剑童

爷爷是个看山的。凤凰山距村子20多里地，整座山都被松树、板栗树什么的遮盖得严严实实。爷爷一个人住在那个百年看山屋，一年到头，除了偶尔赶一两个集，其他时间很少下山，所需的油盐酱醋都由家人送上山。

凤凰山虽说不是什么藏龙卧虎之地，但有时也会有野狼出没。村里人望狼色变，平时很少有人敢独自上山。我那时也就十来岁，爹娘本来是不大放心我上山的，一来我年纪小，路途远，二来怕遇到狼。可那年冬天，爹娘实在拗不过我的再三要求，终于答应了。我带着几块油饼、两块煮熟的咸猪肉兴高采烈地上了山。

深冬的田野里到处光秃秃的，只有很少的地块里散乱地站立着一些叶子枯黄了的高粱秆、玉米秆、大豆秸秆，在寒风中瑟缩着，发出呜呜的响声，像是谁躲在暗处偷偷吹着口哨。远处的凤凰山山顶上覆盖着厚厚的白雪，在太阳光下泛着炫目的白光。

我背着一个布袋，沿着那条窄小的残留着零散积雪的山道向前走着。刚走出十来里就觉得有些饿了，闻着包裹里散发出的阵阵香味，我直咽唾沫，几次解开布袋又恋恋不舍地系上。我知道，那是爷爷一个月的食物。

正走着，我的头皮突然发炸，头发都一根根竖起来，心怦怦直跳，一种莫名的恐惧感袭遍全身。我以前曾听人说，这种情况八成是遇到狼了。我下意识地回头一望，天哪，身后果然有一只瞪着绿眼睛的狼正悄悄地跟着我。那狼的额头上有两撮白毛组成的叉号，肚子瘪瘪的，两排乳房耷拉着，脊梁的骨节一节一节地露着，显然这是一只又瘦又饿的母狼。我走它也走，我快它也快，我慢它也慢，我停它也停。我恐惧极了。

我想喊，可空旷的田野里哪有一个人影？真是叫天天不应喊地地不灵，我害怕得不得了，手下意识地触到肩上的那个布袋，突然我眼前一亮，有了！我一边倒退着走，一边解开布袋，拿出一块油饼扔在地上，再赶紧倒退着走。只见那狼一口咬住饼，奇怪的是它并没有咽下，又追上来，没办法，我又扔了一块，它一口咬住衔在嘴里，又跟上……如此几个来回，布袋里已经空空如也。我纳闷的是，那狼只是把东西衔在嘴里，一块也没吞下。真是一只奇怪的狼！

我小心翼翼地继续倒退着走，那狼突然朝我奔过来，我吓出一身冷汗，拿出拼命的架势，准备随时和野狼一搏。没想到，那狼居然从我身边跑过却没有攻击我。它一下子跑到我的前面，沿着那条山路慢慢地往前走，一边走一边回头望我，局促不安地走走停停，停停走走，似乎很着急的样子，但嘴里的东西始终不肯放下。

远远地看见爷爷的看山屋了，我心里不再那么怕了。狼在前，我在后，那一刻我恍惚觉得走在前面的不是一只狼，而是一个带路的热心人。我和狼保持着距离，不紧不慢地走着。我再次疑惑不解的是，它没有跑开，居然沿着那条路一直走到看山屋跟前，把嘴里的东西放下，朝屋里嗥叫了一声，然后又衔起那些东西，这才倒退着慢慢走了，消失在密林深处。

我大声喊着爷爷，却没有看到爷爷出来。我很奇怪，赶紧三步并作两步跑进屋里四下一看，却见爷爷躺在炕上，脸红红的，像是睡着了。我又叫了几声，可爷爷还是没有答应。我这才意识到不好，扑过去一摸爷爷的额头，滚烫滚烫的。爷爷病了。我赶紧熬了姜水一口一口地喂给爷爷，又用祖传退烧秘方给爷爷退了烧，折腾半天爷爷才慢慢醒过来。

我把路上的经过告诉了爷爷，爷爷吃惊地问："那狼是不是额头上有个白毛聚成的叉号？"我说："是啊，爷爷您怎么知道的？"爷爷说："那只狼我见过，和我很熟悉，说来我和它还有一段缘分……"

原来，爷爷一年前曾在一个猎人的枪下救过这只母狼的三个幼崽，从此母狼经常隔三岔五地衔只兔子什么的送到院子里。每次来了，爷爷都给它准备一盆清水喝。昨天它来时爷爷病了，它就一直待在院子里不走。爷爷悠悠地说："它是知道我病了不忍心离开……刚才它一定是在路上等人想把人引到这里救我……这狼啊，和人一样懂得报恩呢。只要你不去故意招惹它伤害它，它除非饿极了，否则不会轻易伤害人，可惜很少有人知道这个道理……”

我以前从没听说过世上还有这等稀奇事，爷爷的话把我带到了一个神奇的世界。我觉得狼和我是那么亲近。

此后，我又几次上山给爷爷送东西，可惜再也没遇到那只母狼，但我总是想再见到它。

一年后，爷爷去世了。一连几天，在凤凰山上响起了一阵阵凄厉的狼嗥，从天明到天黑。我知道，那是母狼和它的儿女在为爷爷的去世哀号。

（有删改）

8. 母狼的智慧

⊙毕淑敏

“仅次于人聪明的动物是狼。”

一位老猎人，在大兴安岭蜂蜜般黏稠的篝火旁，对我说。猎人是个渐趋消亡的职业，他不再打猎，成了护林员。

我说：“不对。是大猩猩。大猩猩有表情，会使用简单的工具，甚至能在互联网上用特殊的语言与人交流。”

“我没见过大猩猩，也不知道互联网是什么东西。我只见过狼。沙漠和森林交界地方的狼，最聪明。那是我年轻的时候啦……”老猎人舒展胸膛，好像恢复了当年的神勇。

狼带着小狼过河，怎么办呢？要是只有一只小狼，它会把它叼在嘴里。若有好几只，它不放心一只只带过去，怕它在河里游的时候，留在岸边的“子女”会出什么事，于是就咬死一只动物，把那动物的胃吹足了气，再用牙齿牢牢紧住蒂处，让它胀鼓鼓的好似一只皮筏，它把所有的小狼背负在身上，借着那救生圈的浮力，全家过河。

有一次，我追捕一只带着两只小崽的母狼，它跑得不快，因为小狼脚力不健。我和狼的距离渐渐缩短，狼妈妈转头向一座巨大的沙丘爬去。我很惊讶，通常狼在危险时，会在草木茂盛处兜圈子，借复杂地形，伺机逃脱，如果爬向沙丘，狼虽然爬得快，好像比人占便宜，但人一旦爬上坡顶，就一览无余，狼就再也跑不了。

这是一只奇怪的狼，也许它昏了头。我这样想着，一步一滑爬上了高高的沙丘。果然看得很清楚，狼在飞快地逃向远方。我下坡去追，突然发现小狼不见了，当时顾不得多想，拼命追下去。那是我生平见得跑得最快的一只狼，不知它从哪来那么大的力气，像贴着地皮的一只黑箭。追到太阳下山才将它击毙，累得我几乎吐了血。

我把狼皮剥下来，挑在枪尖往回走。一边走一边想，真是一只不可思议的狼，它为什么如此犯忌呢？那两只小狼到哪里去了呢？已经快走回家了，我决定再回到那个沙丘看看。快半夜才到，天气冷极了，惨白的月光下，沙丘好似一座银子筑成的坟，毫无动静。我想真是多此一举，那不过是一只傻狼罢了。正打算走，突然看到一个隐蔽的凹陷处，像白色的烛火一样，悠悠地升起两道青烟。

我跑过去，看到一大堆干骆驼粪，白气正从其中冒出来。我轻轻扒开驼粪，看到白天失踪了的两只小狼，正在温暖的驼粪下均匀地喘着气。地上有狼尾巴轻轻扫过的痕迹，活儿干得很巧妙，在白天它居然瞒过了我这个老猎人的眼睛。

那只母狼，为了保护它的幼崽，先是用爬坡延迟了我的速度，赢得了隐藏儿女的时间，又从容地用自己的尾巴抹平痕迹，并用全力向相反的方向奔跑，以一死换回孩子的生。

志怪小说

所谓志怪，就是记录怪异。志怪小说主要指魏晋时期产生的一种记述神仙鬼怪故事的小说，也可包括汉代的同类作品。

志怪小说的内容很庞杂，大致可分为三类：炫耀地理博物的琐闻，如《神异经》等；记述正史以外的历史传闻故事，如《汉武故事》等；讲说鬼神、怪异的迷信故事，如东晋干宝的《搜神记》等。

志怪小说对唐代传奇产生了直接的影响。

生灵有情

本单元都是描写动物的文章，在这里，我们能看到动物的千姿百态，感悟到动物的各种性情。在作者笔下，这些动物都是大自然中的精灵，那与蛇智斗的义鼠，演绎的是情义的伟大；那吐金换妻的雄雁，彰显的是动物的钟情……它们能激发我们对生命的尊重和敬畏。用心读一读这些文章，我们不但能感受到动物的可爱有趣，还能体会到它们的有情有义，以及大千世界中的爱与被爱。

阅读本单元文章，同学们要在默读感知文章内容的基础上，训练自己借助注释、工具书和译文学习文言文的能力，通过反复诵读来培养自己的语感，积累文言词语。注意勾画、摘录文中描写动物的语句，思考作者是怎样运用动作描写、神态描写、心理描写等方法刻画动物形象的。

范文阅读

1. 狼（节选）

⊙〔清〕蒲松龄

第一则

有屠人货[①]肉归，日已暮。欻[②]一狼来，瞰[③]担上肉，似甚垂涎；步亦步，尾行数里。屠惧，示之以刃，则稍却；既走，又从之。屠无计，默念狼所欲者肉，不如姑悬诸[④]树，而早取之。遂钩肉，翘足挂树间，示以空空。狼乃止。屠即竟归。昧爽[⑤]往取肉，遥望树上悬巨物，似人缢死状。大骇。逡巡[⑥]近视之，则死狼也。仰[⑦]首审视，见口中含肉，肉钩刺狼腭，如鱼吞饵。时狼

---

① 货：出售，卖。
② 欻（xū）：忽然。
③ 瞰（kàn）：窥视。
④ 诸：相当于“之于”。
⑤ 昧爽：黎明。
⑥ 逡（qūn）巡：徘徊的样子。
⑦ 仰：抬。

革价昂[①]，直[②]十余金，屠小裕焉。缘[③]木求鱼，狼则罹[④]之，可笑矣。

第三则

一屠暮[⑤]行，为[⑥]狼所逼。道旁有夜耕者所遗行室，奔入伏焉。狼自苫中探爪入。屠急捉之，令不可去，顾无计可以死之。惟有小刀不盈寸，遂[⑦]割破狼爪下皮，以吹豕之法吹之。极力吹移时，觉狼不甚动，方缚以带。出视，则狼胀如牛，股直不能屈，口张不得合。遂负之以归。非屠，乌[⑧]能作此谋也！

译文

第一则

一个屠夫卖完肉回家，天色已经晚了。（这时）突然出现了一匹狼，狼不断地窥视着屠夫担上的肉，嘴里的口水似乎都快要流出来了，就这样尾随了屠夫好几里路。屠夫感到很害怕，于是就拿着屠刀比画着给狼看，狼稍稍退了几步；可是等到屠夫转过身来继续朝前走的时候，狼又跟了上来。屠夫没办法了，他想，狼想要的是肉，不如把肉挂在树上（这样狼够不着），等明天早上（狼走了）再来取肉。于是屠夫就把肉挂在钩子上，踮起脚把带肉

① 昂：贵。
② 直：通“值”，价值。
③ 缘：沿着。
④ 罹（lí）：遭遇（祸患）。
⑤ 暮：傍晚。
⑥ 为：被。
⑦ 遂：于是，就。
⑧ 乌：哪里，怎么。

的钩子挂在树上，然后把空担子给狼看了看。狼就停下来不再跟着屠夫了。屠夫就安全地回家了。第二天黎明，屠夫前去取肉，远远地看见树上挂着一个巨大的东西，就好像一个吊死在树上的人。他感到非常害怕。屠夫徘徊着向树靠近，等走到近前一看，原来树上悬挂着一匹死狼。屠夫抬起头来仔细观察，发现狼的嘴里含着肉，挂肉的钩子已经刺穿了狼的上颚，就好像鱼儿咬住了鱼饵。当时（市场上）狼皮非常昂贵，这张狼皮值十几金，屠夫发了一笔小财。就像爬上树去捉鱼一样，狼本来想吃肉，结果遭遇了祸患，真是可笑啊。

第三则

有一个屠夫，傍晚走在路上，被狼紧紧地追赶着。路旁有个农民留下的草棚，他就跑进去藏在里面。（凶恶的）狼从苫房的草帘中伸进一只爪子。屠夫急忙捉住狼爪，不让它离开，但是没有办法可以杀死它。只有一把不满一寸长的小刀，屠夫就用它割破狼爪子下面的皮，用吹猪的方法往里吹气。屠夫用力吹了一阵子，觉得狼不怎么动了，才用绳子把狼腿绑起来。出去一看，只见狼膨胀得像一头牛那么大，四条腿直挺挺地不能弯曲，嘴也无法闭上。（屠夫）就把它背回去了。如果不是屠夫，谁能想到这个办法！

学习提示

这两则《狼》和教材中的《狼》共同构成了《聊斋志异》中的《狼三则》，在蒲松龄的笔下，狼贪婪凶残的形象跃然纸上，呼之欲出。然而这三则中，狼的下场都非常悲惨，都丢了性命，可以说，作者在借此告诫我们：这就是贪婪的下场，引人深思。同学们，这三则故事还给了我们什么启发呢？如果遇到像狼一样凶残狡猾的敌人，我们应该如何应对？

查阅工具书是学习文言文的基本方法，但学习文言文只会查阅工具书是远远不够的，我们还应该学会对知识进行梳理，如总结常见的文言词语、了解文言文基本句式、掌握常见句型等。同学们只有多读多译，才能熟能生巧。

2. 义　鼠

⊙〔清〕蒲松龄

杨天一言：见二鼠出，其一为蛇所吞；其一瞪目如椒[①]，似甚恨怒，然遥望不敢前。蛇果腹[②]，蜿蜒[③]入穴，方将过半，鼠奔来，力嚼其尾。蛇怒，退身出。鼠故[④]便捷，欻然遁去[⑤]，蛇追不及而返。及入穴，鼠又来，嚼如前状。蛇入则来，蛇出则往，如是者久。蛇出，吐死鼠于地上。鼠来嗅之，啾啾如悼息[⑥]，衔之而去。友人张历友[⑦]为作《义鼠行》。

---

① 瞪目如椒（jiāo）：眼睛瞪得很圆，其状如花椒。

② 果腹：饱腹，满腹。

③ 蜿蜒：弯弯曲曲的样子。

④ 故：素来。

⑤ 遁去：跑掉。

⑥ 啾（jiū）啾如悼息：啾啾的叫声好像在悼念哭泣。

⑦ 张历友：蒲松龄诗友，著有《昆仑山房集》，集中载《义鼠行》一诗。

译文

杨天一说：曾看见两只老鼠出洞，一只被蛇吞下，另一只瞪着圆圆的眼睛，好像充满着仇恨和愤怒，但它只是远远地盯着，不敢向前。蛇吃饱了，就蜿蜒地向洞内爬去，刚爬进一半，那只老鼠猛地扑来，狠狠地咬住蛇的尾部。蛇发了怒，急忙退出洞来。老鼠本来就非常机灵敏捷，忽然就跑掉了，蛇追不上，又转身往洞里爬。等到蛇爬进洞里，老鼠又跑回来，和上次一样咬住不放。就这样蛇入鼠咬，蛇出鼠跑，反复了好多次。最后，蛇爬出洞来把吞下的死鼠吐在地上。老鼠用鼻子嗅着自己的同伴，啾啾的叫声好像在悼念哭泣，继而用嘴衔着死鼠离开了。我的朋友张历友为此写了一首《义鼠行》。

学习提示

本文也是选自《聊斋志异》。蒲松龄对老鼠的神态描写给我们留下了深刻的印象。在作者笔下，老鼠的胆气、智慧，令人赞叹、佩服。我们还应思考：除了神态描写，作者还对老鼠进行了哪方面的描写？这样的描写好在哪里？

学习文言文的过程中，要想做到举一反三，应对常见的文言词语的意义进行梳理和总结。结合我们刚刚读过的这三篇文章，以及教材中的《狼》一文，自己尝试总结：哪些词语出现的频率比较高？你从中总结出了什么规律？

组文阅读

1. 牧　竖[1]

⊙〔清〕蒲松龄

两牧竖入山至狼穴，穴有小狼二，谋分捉之。各登一树，相去数十步。

少顷，大狼至，入穴失子，意甚仓皇[2]。竖于树上扭小狼蹄耳故令嗥[3]；大狼闻声仰视，怒奔树下，号且爬抓。其一竖又在彼树致小狼鸣急；狼辍声四顾[4]，始望见之，乃舍此趋彼，跑[5]号如前状。前树又鸣，又转奔之。口无停声，足无停趾，数十往复，奔渐迟，声渐弱；既而奄奄[6]僵卧，久之不动。竖下视之，气已绝矣。

---

① 本篇选自《聊斋志异》。牧竖，牧童。

② 仓皇：匆忙急迫，慌张。

③ 故令嗥（háo）：故意地使（它）吼叫。嗥，野兽吼叫。

④ 辍声四顾：停止嚎叫，四处张望。辍，停止。

⑤ 跑：同“刨”，指兽用足刨地。

⑥ 奄奄：气息微弱的样子。

今有豪强子[①]，怒目按剑，若将搏噬[②]；为所怒者，乃阖扇[③]去。豪力尽声嘶，更无敌者，岂不畅然自雄[④]？不知此禽兽之威，人故弄之以为戏耳。

译文

两个牧童进山看到一处狼穴，里面有两只小狼，两人商量好了之后，就各自捉了一只小狼。然后各自爬上一棵树，两棵树相距数十步远。

没多久，大狼回来了，它进入狼穴发现小狼丢失了，非常着急。一个牧童在树上扭小狼的蹄子和耳朵故意让它哀嚎；大狼听到声音仰头看到了，愤怒地奔跑到树下，一边嚎叫一边在树上乱抓。这时，另一个牧童又在另一棵树上使小狼急切地哀嚎；大狼听见了，就停止嚎叫，四处张望，才看到那只小狼，就舍弃这只小狼跑到那棵树下，又是乱抓，又是嚎叫，和先前的情状一模一样。前面那棵树上的小狼又哀嚎起来，大狼又向它跑过去。大狼嚎叫不止，奔跑不停，来来回回几十次，跑得渐渐慢了，声音也渐渐微弱了；不一会儿就气息微弱，直挺挺地栽倒在地，很长时间也没动弹。牧童溜下树来一看，那大狼已经断气了。

现在有些蛮横霸道的人，动不动就瞪着眼睛，握着剑，好像要与人搏杀似的；那些被怒目而视的人，却关门进屋去了。这霸道的人逞强力尽情嘶吼，看见再没有一个敌手，怎不得意扬扬，自命为英雄呢？殊不知这种禽兽的威风，不过是人家故意戏弄他来取笑罢了。

---

① 豪强子：蛮横霸道的人。

② 搏噬：攫而食之。搏，攫取。

③ 阖扇：关门。

④ 畅然自雄：得意地自命为英雄。

2. 鸿

⊙〔清〕蒲松龄

天津弋人[①]得一鸿[②]。其雄者随至其家，哀鸣翱翔，抵[③]暮始去。次日，弋人早出，则鸿已至，飞号[④]从之；既而[⑤]集[⑥]其足下。弋人将并捉之。见其伸颈俯仰，吐出黄金半铤[⑦]。弋人悟其意，乃曰："是将以赎[⑧]妇也。"遂释[⑨]雌。两鸿徘徊，若有悲喜，遂双飞而去。弋人称金，得二两六钱强[⑩]。噫！禽鸟何知，而钟情

---

① 弋（yì）人：射鸟的人。

② 鸿：大雁。

③ 抵：至，到达。

④ 号（háo）：引声长鸣。

⑤ 既而：过一会儿，不久。

⑥ 集：降落，停留。

⑦ 铤：同"锭"，铸成块状的金银，轻重有定，如十两五两之类。

⑧ 赎：用财物换回人身自由或抵押品。

⑨ 释：放，释放。

⑩ 强：有余，略多。

若此！悲莫悲于生别离[①]，物亦然[②]耶？

译 文

天津有个猎鸟的人，猎得一只雌的大雁。那雄雁就跟着飞到他家，哀鸣飞旋，一直到傍晚才离开。第二天，猎鸟的人早晨出门，发现雄雁已经飞回来了，飞着叫着跟着他往前走；不久降落到他的脚下。猎鸟的人想要把雄雁也一起抓住。只见雄雁伸长脖颈一俯一仰的，吐出半锭黄金。猎鸟的人明白了它的意图，就说："这是想用黄金来赎回妻子吧。"于是他放了雌雁。两只大雁盘旋飞翔，好像悲喜交集，最终双双飞走。猎鸟的人称了称金子，有二两六钱多。唉！禽鸟懂得什么，却能钟情到这等地步！人世间没有比生离死别更令人悲伤的了，动物也是这样吗？

① 悲莫悲于生别离：出自屈原《楚辞·九歌·少司命》："悲莫悲兮生别离，乐莫乐兮新相知。"莫，没有。

② 然：这样。

3. 义 犬

⊙〔清〕蒲松龄

潞安[1]某甲，父陷[2]狱将死。搜括囊蓄[3]，得百金，将诣[4]郡关说[5]。跨骡出，则所养黑犬从之。呵逐[6]使退；既走，则又从之，鞭逐不返。从行数十里。某下骑[7]，趋路侧私[8]焉。既，乃以石投犬，犬始奔去；某既行，则犬欻然复来，啮[9]骡尾足。某怒鞭之，犬鸣吠不已。忽跃在前，愤龁[10]骡首，似欲阻其去路。某以为不祥，益怒，回骑驰逐之。视犬已远，乃返辔[11]疾驰，抵郡已暮。

---

① 潞（lù）安：古代县名。

② 陷：陷害，这里表示被动，“被陷害”的意思。

③ 搜括囊蓄：搜集家中所有的积蓄。

④ 诣（yì）：到……去。

⑤ 关说：从中代为陈说。这里指打通关节。

⑥ 逐：驱逐，赶走。

⑦ 骑：骑马，这里作名词，指所骑的骡子。

⑧ 私：小便。

⑨ 啮（niè）：咬。

⑩ 龁（hé）：咬。

⑪ 辔（pèi）：驾驭牲口用的缰绳。

及扪腰橐[①]，金亡[②]其半，涔涔[③]汗下，魂魄都失。辗转终夜[④]，顿[⑤]念犬吠有因。候关出城，细审来途。又自计南北冲衢[⑥]，行人如蚁，遗金宁[⑦]有存理？

逡巡至下骑所[⑧]，见犬毙草间，毛汗湿如洗。提耳起视，则封[⑨]金俨然[⑩]。感其义，买棺葬之，人以为义犬冢[⑪]云。

---

① 及扪（mén）腰橐（tuó）：等到他去摸腰里的钱袋。及，待，等到。扪，摸。橐，钱袋。

② 亡：丢失。

③ 涔（cén）涔：汗流不止的样子。

④ 辗（zhǎn）转终夜：翻来覆去一整夜没有睡着。辗转，身体翻来覆去。终夜，整夜。

⑤ 顿：立刻，马上。

⑥ 冲衢（qú）：交通要道。冲，交通要道。衢，四通八达的道路。

⑦ 宁（nìng）：岂，难道。

⑧ 所：处所。

⑨ 封：封闭，封合。

⑩ 俨（yǎn）然：整齐的样子。

⑪ 冢（zhǒng）：坟墓。

译 文

潞安有个人，父亲遭人陷害被关进监狱，将要死去。他搜集家中所有的积蓄，凑了一百两银子，准备到郡府里为父亲打通关节。他骑着骡子出了门，他家里养的一只黑狗就跟在了他的后面。他呵斥驱逐狗，使它退回去了；但他一骑骡子奔向郡府，狗就又跟在他后面了，用鞭子驱逐它，它也不回去。狗跟随他走了几十里路。他下了骡子，快步走到路旁去小便。便完就用石头扔向狗，狗才奔跑着离开；他继续上路，就看见狗突然又跑过来，咬骡子的尾巴和蹄子。他愤怒了，用鞭子打狗，狗叫个不停。狗忽然跳起扑到骡子的前面，愤怒地去咬骡子的头，好像要阻挡住他去郡府的路。他认为这很不吉利，更加恼怒，回转骡头追赶驱逐它。看狗已经跑远，才掉转骡头飞奔，到郡府时已是傍晚。

等到他去摸腰里的钱袋子时，发现银子丢失了一半，他身上的汗不停地流下来，急得好像魂魄都丢掉了似的。（他）翻来覆去一整夜没有睡着，后来他立刻想到狗叫一定有原因。等到开关出了城，他仔细地查看来时的道路。又暗自想这条路是南北的交通要道，行人像蚂蚁一样多，丢失的银子哪里还有留存的道理？

他迟疑徘徊着慢慢走到下骡子的地方，见黑狗死在了草丛里，身上的毛被汗湿得仿佛洗过了一般。他提着狗的耳朵拎起来一看，发现狗把丢失的银子整整齐齐地封合在自己的身体下面。他被狗的义气感动了，便买了口棺材葬了它，人们把这叫作义犬的坟墓。

4. 犬救幼女

⊙《滇南杂志》

呈贡县村民畜一犬，甚驯[①]。母未时[②]上山采薪[③]，幼女随之不及[④]，后于母里许[⑤]。俄[⑥]大雪，母薄暮[⑦]负薪归，女与犬俱[⑧]不见。母惊怖万状，奔走号呼，竟不见女。邻里相助，亦无济。是夜父母悲痛欲绝[⑨]，以为女或[⑩]溺水，或坠井，或为狼所食。旦日，复延邻里寻之，见女卧大树下，犬倚偎于旁，乃[⑪]不死。此雍正

① 驯：温顺。

② 未时：相当于现在的下午一点至三点。

③ 采薪：砍柴。薪，柴。

④ 及：赶上，追上。

⑤ 后于母里许：落在她的母亲身后一里左右。后，落在后面。许，表示约数。

⑥ 俄：顷刻，片刻。

⑦ 薄（bó）暮：傍晚。薄，迫近。

⑧ 俱：全，都。

⑨ 绝：断绝。

⑩ 或：也许，或许。

⑪ 乃：竟然。

十一年十一月事，邑人奇[1]之。

译 文

呈贡县有家村民养了一条狗，十分温顺。这家的母亲下午不到三点钟上山砍柴，她幼小的女儿跟随着她但是没有赶上她，落在她身后一里左右。片刻，下起了大雪，母亲傍晚背着柴回来，发现女儿和狗都不见了。母亲惊恐到了极点，（在村中）一面奔跑一面大声呼叫，却始终不见女儿。邻居们帮助她寻找，也无济于事。这天晚上，那女孩的父母悲痛至极，认为女儿或许被水淹死了，或许掉进井里了，或许被狼吃了。第二天早上，（女孩的父母）再次请邻居帮助寻找女儿，（最后）见到女孩躺在一棵大树下睡觉，狗紧靠在孩子身旁，女孩竟然没有死。这是雍正十一年十一月的事情，当地的人对这件事感到惊奇。

① 奇：感到惊奇。

5. 黔之驴

⊙〔唐〕柳宗元

黔无驴，有好事者船载以入[①]。至则无可用，放之山下。虎见之，庞然[②]大物也，以为神[③]。蔽林间窥之[④]，稍[⑤]出近之，慭慭然[⑥]，莫相知。

他日，驴一鸣，虎大骇[⑦]，远遁，以为且噬己[⑧]也，甚恐。然往来视之，觉无异能者。益[⑨]习其声，又近出前后，终不敢搏。

① 船载以入：用船载运驴进入（黔地）。

② 庞然：巨大的样子。

③ 以为神：把它看作神异的一类。

④ 蔽林间窥（kuī）之：隐藏在树林里偷偷看它。蔽，隐蔽，躲藏。窥，偷看。之，代词，指驴。

⑤ 稍：逐渐。

⑥ 慭（yìn）慭然：小心谨慎的样子。

⑦ 大骇：非常害怕。

⑧ 以为且噬（shì）己：认为驴将要咬自己。且，将要。噬，咬。

⑨ 益：渐渐。

稍近益狎[①]，荡倚冲冒[②]，驴不胜[③]怒，蹄[④]之。虎因喜，计[⑤]之曰："技止此耳！"因跳踉大㘎[⑥]，断其喉，尽其肉，乃去。

噫！形之庞也类[⑦]有德，声之宏也类有能。向[⑧]不出其技，虎虽猛，疑畏，卒[⑨]不敢取。今若是焉[⑩]，悲夫！

译 文

黔这个地方没有驴，有一个喜欢多事的人用船运来了一头。运到后，却没有可以用到它的地方，就把它放在山脚下。老虎看到驴身体巨大，把它看作神异的一类。老虎隐藏在树林里偷偷看它，渐渐地敢出来接近它了，但很小心谨慎，还是不清楚驴到底有多厉害。

有一天，驴叫了一声，老虎非常害怕，远远地逃走，认为驴将要咬自己，非常担心。但是来来回回地观察驴后，老虎觉得它并没有什么特殊的本领。老虎渐渐地熟悉了驴的叫声，又靠近它，出现在它的前后，却始终不敢与它搏斗。老虎渐渐地更靠近驴，更加亲近而态度不庄重，碰撞、靠近、冲击、冒犯它，驴经不住愤怒，用蹄子踢老虎。老虎于是高兴极了，考虑这件事说："它的本领不过如此！"于是跳起来大吼了一声，咬断了驴的喉咙，吃光了它的肉，才离开。

---

① 狎（xiá）：亲近而态度不庄重。

② 荡倚冲冒：碰撞，靠近，冲击，冒犯。

③ 胜：经得住，能承担。

④ 蹄：名词活用作动词，用蹄子踢。

⑤ 计：考虑，谋划。

⑥ 跳踉（liáng）大㘎（hǎn）：跳跃起来大声吼叫。㘎，老虎吼叫。

⑦ 类：像。

⑧ 向：从前，过去。

⑨ 卒：终于。

⑩ 今若是焉：现在（落得一个）像这样（悲惨）的下场。

唉！驴子身材高大，好像有德行，声音洪亮，好像本领高强，当初如果不使出它的那点本领，老虎虽然凶猛，但由于多疑、畏惧，终究不敢扑过去吃它。如今落得像这样的下场，真是可悲啊！

古代经典之“第一”

第一部字典：《说文解字》

第一部词典：《尔雅》

第一部字书：《字通》

第一部诗歌总集：《诗经》

第一部诗文总集：《昭明文选》

第一部神话小说：《搜神记》

第一部笔记小说集：《世说新语》

第一部语录体散文集：《论语》

第一部编年体史书：《春秋》

第一部纪传体通史：《史记》

第一部纪传体断代史：《汉书》

第一部兵书：《孙子》

第一部农书：《齐民要术》

6. 永[1]某氏之鼠

⊙〔唐〕柳宗元

永有某氏者，畏日[2]，拘忌异甚[3]。以为己生岁直子[4]；鼠，子神[5]也。因爱鼠，不畜[6]猫犬，禁僮[7]勿击鼠。仓廪庖厨[8]，悉以恣鼠[9]，不问。

由是鼠相告，皆来某氏，饱食而无祸。某氏室无完器，椸[10]

---

① 永：永州，治所在今湖南省永州市零陵区。

② 畏日：怕犯日忌。旧时迷信，认为年月日辰都有凶吉，凶日要禁忌做某种事情，否则就会不祥。

③ 拘忌（jì）异甚：禁忌特别奇怪。拘，束缚，限制。忌，忌讳，禁忌。

④ 生岁直子：出生的年份正碰上农历子年的时候。生在子年的人，生肖属鼠。直，通“值”，碰上……的时候。

⑤ 子神：子的生肖神。

⑥ 畜（xù）：畜养。

⑦ 僮（tóng）：奴婢，仆役。

⑧ 仓廪（lǐn）庖（páo）厨：粮仓厨房。

⑨ 悉以恣（zì）鼠：都拿来放纵老鼠。悉，全，都。恣，放纵，无拘束。

⑩ 椸（yí）：衣架。

无完衣，饮食大率[1]鼠之馀也。昼累累与人兼行[2]，夜则窃啮斗暴[3]，其声万状，不可以寝，终不厌。

数岁，某氏徙[4]居他州。后人来居，鼠为态如故。其人曰：“是阴类[5]恶物也，盗暴[6]尤甚。且何以至是乎哉？”假五六猫，阖门撤瓦灌穴，购僮罗[7]捕之，杀鼠如丘，弃之隐处，臭数月乃已。

呜呼！彼以其饱食无祸为可恒[8]也哉！

---

①大率（shuài）：大抵，大概。

②昼累（lěi）累与人兼行：白天，老鼠成群结队和人在一起活动。累累，重叠，积累。兼行，并走。兼，同时进行几件事或具有几样东西。

③窃啮斗暴：偷咬东西，互斗搏击。暴，徒手搏击。

④徙（xǐ）：迁移，指搬家。

⑤阴类：在阴暗地方活动的东西。

⑥盗暴：偷吃食品，糟蹋物品。暴，损害。

⑦罗：捕鸟兽的网，这里作状语，用罗网。

⑧恒：固定的，永久的。

译 文

永州有一家主人怕犯日忌，禁忌特别奇怪。他认为自己出生的那一年正碰上子年；因为老鼠是子年的生肖神，于是爱护老鼠，家里不畜养猫和狗，禁止仆人伤害老鼠。家里的仓库、厨房，全让老鼠恣意横行，放任不过问。

因此老鼠们相互转告，都来到他家里，每天大吃大喝却没有任何灾祸。这个人家里没有一件完整的器物，衣架上没有一件完好的衣服，吃喝的东西，大抵都是老鼠吃剩下的。大白天，老鼠成群结队和人在一起活动，到了夜晚，偷咬东西，互斗搏击，发出各种声音，人都没法睡觉，但这个人始终不感到讨厌。

过了几年，这个人搬到别的州去住了。后来又有一家人搬进来居住，老鼠还跟过去一样猖獗。新搬来的人说："这是应该生活在阴暗地方的坏东西，它们偷吃食品、糟蹋物品格外厉害。它们是怎么达到这样放纵的地步的？"于是借来了五六只猫，关闭大门，撤除瓦器，用水灌老鼠洞，重金雇用仆人用罗网捕杀老鼠，杀死的老鼠堆得跟小山丘一样，把老鼠的尸体扔在偏僻的地方，臭味好几个月后才散去。

唉！那些老鼠认为自己这样每天吃饱喝足并且没有灾祸的日子是可以永恒持久的吗！

7. 黠鼠赋（节选）

⊙〔宋〕苏轼

苏子夜坐，有鼠方啮。拊[①]床而止之，既止复作。使童子烛[②]之，有橐[③]中空。嘐嘐聱聱[④]，声在橐中。曰："噫！此鼠之见闭[⑤]而不得去者也。"发[⑥]而视之，寂无所有。举烛而索，中有死鼠。童子惊曰："是方啮也，而遽死[⑦]耶？向为何声，岂其鬼耶？"覆而出之，堕地乃走。虽有敏者，莫措其手。

苏子叹曰："异哉，是鼠之黠也！闭于橐中，橐坚而不可穴[⑧]也。故不啮而啮，以声致人；不死而死，以形求脱也。吾

① 拊（fǔ）：拍打，轻击。

② 烛：名词作动词，用蜡烛照。

③ 橐（tuó）：袋子。

④ 嘐（jiāo）嘐聱（áo）聱：象声词，这里形容老鼠咬物的声音。

⑤ 见闭：被关闭。见，被。

⑥ 发：打开。

⑦ 遽（jù）死：突然死去。遽，突然。

⑧ 穴：名词作动词，咬洞。

闻有生，莫智于人[①]。扰龙[②]伐蛟[③]，登龟[④]狩麟[⑤]，役万物而君之[⑥]，卒见使于一鼠[⑦]。堕此虫之计中，惊脱兔于处女[⑧]。乌在其为智也？”

---

① 莫智于人：没有比人更聪明的了。

② 扰龙：驯服龙。《左传·昭公二十九年》载古代有董父，能“扰畜龙，以服事帝舜”。杜预注：“扰，驯服之也。”

③ 伐蛟：擒蛟。

④ 登龟：用龟壳占卜。古以为龟有灵，取以决吉凶，入宗庙，故曰“登”。《礼记·月令》：“季夏之月，命渔师伐蛟，取鼍，登龟，取鼋。”

⑤ 狩麟：捕获麒麟。《春秋·哀公十四年》：“西狩获麟。”狩，捕猎、捕获。麟，麒麟，传说中的仁瑞之兽。

⑥ 君之：做它们的主宰。

⑦ 卒见使于一鼠：最终被一只老鼠利用。见，表被动。

⑧ 惊脱兔于处女：《孙子兵法·九地》形容用兵之法：“始如处女，敌人开户，后如脱兔，敌不及拒。”谓开始像处女一般沉静，使敌人不注意防备，然后像逃走的兔子一样突然行动，使敌人来不及抵抗。

译文

苏子在夜里坐着，听到有老鼠正在啃咬东西。苏子便拍打床板想制止它，可它停了一会儿又咬起来。苏子让童子用蜡烛照照床下，床下有一只空的袋子。啃咬的声音就是从袋子中传出来的。童子说：“啊！这只老鼠被困在袋子里出不来了。”童子打开袋子看，里面静悄悄的好像什么东西都没有。童子举起蜡烛来四处寻找，发现袋子中有只死老鼠。童子惊奇地说：“这老鼠刚才还在咬东西，怎么突然就死了？刚才的是什么声音，难道是鬼吗？”童子把老鼠从袋子里倒出来，这只老鼠刚一落地就逃走了。即使行动再敏捷的人，对此也会措手不及。

苏子感叹道：“真是奇怪啊，这只老鼠是多么狡猾啊！它被关在袋子里时，袋子结实，不能咬破。所以它并没有咬东西却装作咬东西，是要用咬声招来人；没有死却装死，是要用表象求得逃脱的机会。我听说所有的生灵中，没有比人更聪明的了。人能驯服神龙，擒住蛟龙，能用龟壳占卜，猎取麒麟，役使世间万物然后主宰它们，最终却被一只老鼠利用。陷入这老鼠的计谋中，吃惊于它看来像处女一样沉静却像逃脱的兔子般动作神速。人的智慧又体现在哪里呢？”

8. 假　人

⊙《权子》

人有鱼池，苦群鹢[①]窃啄食之，乃束[②]草为人，披蓑戴笠[③]持竿，植[④]之池中以慑[⑤]之。群鹢初回翔[⑥]不敢即下，已[⑦]渐审视[⑧]，下啄。久之，时飞止笠上，恬[⑨]不为惊。人有见者，窃去刍人[⑩]，自披蓑戴笠而立池中。鹢仍下啄，飞止如故[⑪]。人随手执[⑫]其足，鹢不能脱，奋翼声假假[⑬]。人曰："先故假，今亦假耶？"

① 鹢（yì）：水鸟名，即鸬鹚，俗称鱼鹰。善于潜水捕鱼。

② 束：捆，缚。

③ 笠：斗笠。

④ 植：立，树立。

⑤ 慑：震慑，使……害怕。

⑥ 回翔：盘旋飞翔。

⑦ 已：后来。

⑧ 审视：仔细观察。审，详细，周密。

⑨ 恬：坦然，安然。

⑩ 窃去刍（chú）人：偷偷地换掉草人。窃，偷偷地，暗中。刍人，草人。

⑪ 如故：同过去一样。

⑫ 执：抓住。

⑬ 假假：象声词，这里指鸬鹚挣扎时的叫声。

译 文

有户人家有一片鱼塘，因一群鸬鹚常来偷吃小鱼而苦恼，于是捆草制成草人，给它披上蓑衣、戴上斗笠、手握竹竿，把它立在鱼塘里用来吓唬那群鸬鹚。一开始，那群鸬鹚见到草人，只在空中盘旋飞翔，不敢立即飞下来，后来不断地仔细察看，发现是假的，便依旧飞下来啄鱼。时间久了，它们还常常飞来停在斗笠上休息，安然自得，毫不惊恐。主人见到这种情况，偷偷地换掉草人，亲自披上蓑衣、戴上斗笠，然后在鱼塘里一动不动地站立着。鸬鹚依然像过去一样飞下来啄鱼，落在斗笠上休息。那人随即抓住它的脚，鸬鹚不能挣脱，使劲拍着翅膀发出“假假”的声音。那人说：“原先那个草人是假的，现在还是假的吗？”

单元学习任务

任务一

整理学习笔记是一种非常好的学习方法，对文言文学习来说，尤为重要。文言文中，经常有这样一种现象：一个词因为所处语境不同而产生了不同的含义，这叫作“一词多义”。请你仿照下表，试着整理本单元一词多义的笔记。

一词多义表

词	义项	例句
止	①仅，只。（副词）	止有剩骨。（出处：《狼》）
	②停止。（动词）	狼乃止。（出处：《狼·第一则》）
苫	①用草编的席子。（名词）	狼自苫中探爪入。（出处：《狼·第三则》）
	②遮盖，覆盖。（动词）	苫蔽成丘。（出处：《狼》）

任务二

《聊斋志异》代表了中国古代文言短篇小说的最高成就，作品意蕴深刻，描写生动，可读性强。请同学们以小组为单位，从《聊斋志异》中选一篇写动物的文章，合作完成基本学习（通译、整理知识点、了解思想内涵、总结中心主旨）之后，小组内交流学习心得，大家分工合作：组稿、讲解、做 PPT，让全班同学都能学有所得。

基本任务清单
□通译
□整理知识点
□了解思想内涵
□总结中心主旨

任务分工
组稿：
讲解：
做 PPT：
其他：

任务三

本单元所选文章的画面感都很强，下面让我们举行一次班级改写课本剧大赛：同学们自由组合，通过适当、合理的想象，将选中的文章改写成剧本。同学们可自制道具、服装，自导自演，并评出优胜者。

如何突出中心

古人说："意犹帅也。"鲁迅先生也曾说，他的写作过程是"静观默察，烂熟于心，然后凝神结想，一挥而就"的。"意"，是生成于文章之前的中心思想，是文章的灵魂，统"帅"着全篇的内容。我们写作，只有先将"意"立起来了，才能写出有神采的文章。

要想突出文章中心，我们首先要根据已经确定的中心选择合适的材料并进行裁剪和加工，安排好写作的先后次序；其次安排好文章内容的主次和详略；还可以采用设置线索、开门见山、卒章显志、前后呼应等一些具体的方法和技巧。

1. 小橘灯

⊙冰　心

这是十几年以前的事了。

在一个春节前一天的下午，我到重庆郊外去看一位朋友。她住在那个乡村的乡公所楼上。走上一段阴暗的仄仄的楼梯，进到一间有一张方桌和几张竹凳、墙上装着一架电话的屋子，再进去就是我的朋友的房间，和外间只隔 幅布帘。她不在家，窗前桌上留着一张条子，说是她临时有事出去，叫我等着她。

我在她桌前坐下，随手拿起一张报纸来看，忽然听见外屋板门吱地一声开了，过了一会儿，又听见有人在挪动那竹凳子。我掀开帘子，看见一个小姑娘，只有八九岁光景，瘦瘦的苍白的脸，冻得发紫的嘴唇，头发很

对小姑娘寥寥几笔的外貌描写，生动传神。

短，穿一身很破旧的衣裤，光脚穿一双草鞋，正在登上竹凳想去摘墙上的听话器，看见我似乎吃了一惊，把手缩了回来。我问她："你要打电话吗？"她一面爬下竹凳，一面点头说："我要 ×× 医院，找胡大夫，我妈妈刚才吐了许多血！"我问："你知道 ×× 医院的电话号码吗？"她摇了摇头说："我正想问电话局……"我赶紧从机旁的电话本子里找到医院的号码，就又问她："找到了大夫，我请他到谁家去呢？"她说："你只要说王春林家里病了，他就会来的。"

我把电话打通了，她感激地谢了我，回头就走。我拉住她问："你的家远吗？"她指着窗外说："就在山窝那棵大黄果树下面，一下子就走到的。"说着就噔、噔、噔地下楼去了。

我又回到里屋去，把报纸前前后后都看完了，又拿起一本《唐诗三百首》来，看了一半，天色越发阴沉了，我的朋友还不回来。我无聊地站了起来，望着窗外浓雾里迷茫的山景，看到那棵黄果树下面的小屋，忽然想去探望那个小姑娘和她生病的妈妈。我下楼在门口买了几个大红橘子，塞在手提袋里，顺着歪斜不平的石板路，走到那小屋的门口。

线索之一：“歪斜不平的石板路”是一处必要的铺垫。

我轻轻地叩着板门，刚才那个小姑娘出来开了门，抬头看了我，先愣了一下，后来就微笑了，招手叫我进去。这屋子很小很黑，靠墙的板铺上，她的妈妈闭着眼平躺着，大约是睡着了，被头上有斑斑的血痕，她的脸向里侧着，只看见她脸上的乱发，和脑后的一个大髻。门边一个小炭炉，上面放着一个小砂锅，微微地冒着热气。这小姑娘把炉前的小凳子让我坐了，她自己就蹲在我旁边，不住地打量我。我轻轻地问：“大夫来过了吗？”她说：“来过了，给妈妈打了一针……她现在很好。”她又像安慰我似的说：“你放心，大夫明早还要来的。”我问：“她吃过东西吗？这锅里是什么？”她笑说：“红薯稀饭——我们的年夜饭。”我想起了我带来的橘子，就拿出来放在床边的小矮桌上。她没有作声，只伸手拿过一个最大的橘子来，用小刀削去上面的一段皮，又用两只手把底下的一大半轻轻地揉捏着。

线索之二。

我低声问：“你家还有什么人？”她说：“现在没有什么人，我爸爸到外面去了……”

她没有说下去，只慢慢地从橘皮里掏出一瓤一瓤的橘瓣来，放在她妈妈的枕头边。

炉火的微光，渐渐地暗了下去，外面变黑了。我站起来要走，她拉住我，一面极其敏捷地拿过穿着麻线的大针，把那小橘碗四周相对地穿起来，像一个小筐似的，用一根小竹棍挑着，又从窗台上拿了一段短短的蜡头，放在里面点起来，递给我说："天黑了，路滑，这盏小橘灯照你上山吧！"

做小橘灯的过程，描写细致，动词运用精准；天黑路滑，是对上文山路不平的呼应，也是小姑娘做小橘灯的原因。人物性格跃然纸上。

我赞赏地接过，谢了她，她送我出到门外，我不知道说什么好，她又像安慰我似的说："不久，我爸爸一定会回来的。那时我妈妈就会好了。"她用小手在面前画一个圆圈，最后按到我的手上："我们大家也都好了！"显然地，这"大家"也包括我在内。

我提着这灵巧的小橘灯，慢慢地在黑暗潮湿的山路上走着。这朦胧的橘红的光，实在照不了多远，但这小姑娘的镇定、勇敢、乐观的精神鼓舞了我，我似乎觉得眼前有无限光明！

再提小橘灯，与周围环境相映，体现了文章主旨，水到渠成，可见作者匠心独运。

我的朋友已经回来了，看见我提着小橘灯，便问我从哪里来。我说："从……从王春林家来。"她惊异地说："王春林，那个木匠，你怎么认得他？去年山下医学院里，有几个学生，被当作共产党抓走了，以后王春林也失踪了，据说他常替那些学生送信……”

当夜，我就离开那山村，再也没有听见那小姑娘和她母亲的消息。

但是从那时起，每逢春节，我就想起那盏小橘灯。十二年过去了，那小姑娘的爸爸一定早回来了。她妈妈也一定好了吧？因为我们“大家”都“好”了！

线索回扣，深入表现主旨。

2. 同志的信任[①]

⊙唐　弢

1935年冬天的一个傍晚，鲁迅先生在预先约定的地点，会见了一个陌生的女青年。互通姓名之后，来客拿出一个小小的纸包，还有一封已经有点磨烂和破损的信，头尾都没有具名。鲁迅先生读完这封短信，和来客谈了一会儿，把她送走了，自己也立刻带着纸包和那封信，急急忙忙走回家里。

灯下，他郑重地打开纸包，按照那封信里指明的记号，把右角上用墨笔点了两点的一张毛边纸拣出来。那是一张空白毛边纸。鲁迅先生用洗脸盆盛满水，滴入一点碘酒，把纸平放到水面，纸上立刻现出了淡淡的字迹。

这是方志敏同志生前从狱中用米汤写给鲁迅先生的一封信。

方志敏同志在信里说，他已经抱定牺牲的决心，没有任何牵挂和留恋。只有一点，他希望鲁迅先生能把送上的三张空白毛边纸和一束文稿，设法转给中国共产党中央委员会。他虽然不认识鲁迅先生，也从来没有通过信，可是确信鲁迅先生一定能够满足一个共产党人临死之前的这个庄严的要求。

① 选自《鲁迅先生的故事》，选入时经作者修改。

一股悲愤的感情涌上鲁迅先生的心头，他目不转睛地看完这封信，苍白的脸色越来越严肃了。他从报上知道，这个写信的人几个月之前，已经在南昌英勇就义，现在却接到了他的亲笔信。事情是千真万确的，这封信就在眼前。鲁迅先生又从头读了一遍。盆里的水逐渐浸渍字迹，字慢慢地模糊起来，模糊起来，终于什么也没有了。

鲁迅先生团起浸湿的纸，揉烂了，把它放进炉子里。他擦干两手，将另外三张空白毛边纸收起，小心地翻阅着墨笔写成的文稿：一篇《清贫》，一篇《可爱的中国》。

方志敏同志是红军第十军的领导人，中国共产党第六届中央委员会委员。长征开始的时候，他是中国工农红军北上抗日先遣队总司令，在进军的路上，打得国民党军队望风而逃。蒋介石一看势头不好，就调集超过先遣队七倍以上的兵力来堵截，在怀玉山把这支远离根据地的队伍包围了。由于叛徒告密，方志敏同志不幸落到敌人的手里。国民党兵士认定他是个当“大官”的人，身边想必带着很多钱。他们威胁他，搜索他，结果却连一个铜圆也没有，失望之余，就抢走了他的怀表和钢笔。

国民党反动派把方志敏同志从上饶解到南昌，绑着他“游街”，想借此打击中国共产党在江西人民中的威信。方志敏同志一路向群众宣传抗日救国的道理，引来许多听众。敌人又在公园里搭了台，开“庆祝大会”，将他锁起来“示众”。方志敏同志在台上大声演讲，说明只有共产党才能救中国。反动派慌了手脚，把他关进监牢，用金钱、地位引诱他，派遣国民党党棍和劣绅来劝降，一个个都被方志敏同志骂回去。

方志敏同志在狱中受着折磨，又患了重病，却一天也没有忘记党和人民的事业。他利用敌人要他写“自白书”的笔墨，写了充满着爱国主义热情的文章，又秘密地用米汤给党中央写信，总结这次先遣队胜利和失败的经验教训，对今后的工作提出建议。他决定托个可靠的人把这些密信和文稿送出监狱去。可是，红军尚在长征的途中。在国民党反动派统治区，我们党的活动是秘密的，党员的身份是不公开的。叫那送信的人到哪里去找党的关系呢?

方志敏同志思索着，苦恼着。臭虫、蚊子、跳蚤困扰着他，他辗转翻覆，昼夜不能安睡：必须给密信和文稿找个可靠的着落。有一次，仿佛暗夜里亮起一道闪光，他突然想起了鲁迅先生。虽然彼此并不认识，然而他读过鲁迅先生的文章，深信鲁迅先生对革命事业的忠诚，决定把在生命的最后时刻写成的信件和文稿，送到鲁迅先生的手里。他完全相信：鲁迅先生一定能够承担起这个十分艰巨和危险的任务。

他又用米汤写了给鲁迅先生的信，心里像放下一块石头，觉得浑身轻松了。

方志敏同志具有革命的眼力，他想得一点不错。在白色恐怖弥漫的年代里，无论环境怎样险恶，鲁迅先生一直把密信和文稿珍藏着。他清楚地知道，这是共产党人用鲜血写成的最后的报告，其中有着中国革命的经验和教训。直到 1936 年 4 月，鲁迅先生在他逝世前半年，才找到了一个稳妥的渠道，把这些重要的文件迅速地转给了中国共产党中央委员会。

鲁迅先生不是中国共产党党员，可是，在所有共产党员的心目中，他永远是一个能以生命相托付的、最可信任的同志。

3. 龙眼与伞

⊙迟子建

大兴安岭的春雪，比冬天的雪要姿容灿烂。雪花仿佛沾染了春意，朵大，疏朗。它们洋洋洒洒地飞舞在天地间，犹如畅饮了琼浆，轻盈，娇媚。它们似乎知道自己的美丽，不像冬天的雪往往在夜里下，它们喜欢白天时从天庭下来，安抚着人们掠美的眼神。

我是喜欢看春雪的，这种雪下的时间不会长，也就两三个小时。站在窗前，等于是看老天上演的一部宽银幕的黑白电影。山、树、房屋和行走的人，在雪花中闪闪烁烁，气象苍茫而温暖，令人回味。

去年，我在故乡写作长篇《额尔古纳河右岸》。四月中旬的一个下午，正写得如醉如痴，电话响了。是妈妈打来的。她说："我就在你楼下，下雪了，我来给你送伞，今天早点回家吃饭吧。"

没有比写到亢奋处遭受打扰更让人不快的了。我懊恼地对妈妈说："雪有什么可怕的，我用不着伞，你回去吧，我再写一会儿。"妈妈说："我看雪中还夹着雨，怕把你淋湿，你就下来吧！"

我终于忍耐不住了，冲妈妈无理地说："你也是，来之前怎么不打个电话，问问我需不需要伞？我不要伞，你回去吧！"

我挂断了电话。听筒里的声音消逝的一瞬，我马上意识到自己犯了最不可饶恕的错误！我跑到阳台，看见飞雪中的母亲撑着一把天蓝色的伞，微弓着背，缓缓地朝回走。她的腋下夹着一把绿伞，那是为我准备的啊。我想喊住她，但羞愧使我张不开口，只是默默地看着她渐行渐远。

也许是太沉浸在小说中了，我竟然对春雪的降临毫无知觉。从地上的积雪看得出来，它来了有一两个小时了。确如妈妈所言，雪中夹杂着丝丝细雨，好像残冬流下的几行清泪。做母亲的，怕的就是这样的泪痕会淋湿她的女儿啊！而我却粗暴地践踏了这份慈爱！

从阳台回到书房后，我将电脑关闭，站在南窗前。窗外是连绵的山峦，雪花使远山隐遁了踪迹，近处的山也都模模糊糊，如海市蜃楼。山下没有行人，更看不到鸟儿的踪影。这个现实的世界因为一场春雪的造访，而有了虚构的意味。看来老天也在挥洒笔墨，书写世态人情。我想它今天捕捉到的最辛酸的一笔，就是母亲夹着伞离去的情景。

雪停了。黄昏了。我锁上门，下楼，回妈妈那里。做了错事的孩子最怕回家，我也一样。朝妈妈家走去的时候，我觉得心慌气短。妈妈分明哭过，她的眼睛红肿着。我向她道歉，说我错了，请她不要伤心了，她背过身去，又抹眼泪了。我知道自己深深伤害了她。我虽然四十多岁了，在她面前，却依然是个任性的孩子。

母亲看我真的是一副悔过的表情，便在晚餐桌上，用一句数落原谅了我。她说："以后你再写东西时，我可不去惹你！"

《额尔古纳河右岸》初稿完成后，我来到了青岛，做长篇的修改。那正是春光融融的五月天。有一天午后，青岛海洋大学文学院的刘世文老师来看我，我们坐在一起聊天。她对我说，她这一生，最大的伤痛就是儿子的离世。刘老师的爱人从事科考工作，常年在南极，而刘老师工作在青岛。他们工作忙，所以孩子自幼就跟着爷爷奶奶，在沈阳生活。十几年前，她的孩子从沈阳的一个游乐园的高空意外坠下身亡。事故发生后，沈阳的亲属给刘老师打电话，说她的孩子生病了，想妈妈，让她回去一趟。刘老师说，她有一种不祥的预感，觉得儿子可能已经不在了，否则，家人不会这么急着让她回去。刘老师说她坐上开往沈阳的火车后，脑子里全都是儿子的影子，他的笑脸，他说话的声音，他喊"妈妈"时的样子。她黯然神伤的样子引起了别人的同情，有个南方籍旅客抓了几颗龙眼给她。刘老师说，那个年代，龙眼在北方是稀罕的水果，她没吃过，她想儿子一定也没吃过。她没舍得吃一颗龙眼，而是一路把它们攥在掌心，想着带给儿子。

刘老师讲到这里哽咽了，我的眼睛也湿了。我不敢设想她带着那几颗龙眼去看儿子的场景。

那个时刻，我的眼前蓦然闪现出春雪中妈妈为我送伞的情景。母爱就像伞，把阴晦留给自己，而把晴朗留给儿女。母爱也像那一颗颗龙眼，不管表皮多么干涩，内里总是深藏着甘甜的汁液。

4. 青虫之爱

⊙毕淑敏

我有一位闺中好友，从小怕虫子，不论什么品种的虫子都怕。披着蓑衣般绒毛的洋辣子，不害羞地裸着身体的吊死鬼，一视同仁地怕。甚至连雨后的蚯蚓，也怕。放学的时候，如果恰好刚停了小雨，她就会闭了眼睛，让我牵着她的手，慢慢地在黑镜似的柏油路上走。我说："迈大步！"她就乖乖地跨出很远，几乎成了体操动作上的"劈叉"，以成功地躲避正蜿蜒于马路上的软体动物。在这种瞬间，我可以感受到她的手指如青蛙腿般弹着，不但冰凉，还有密集的颤抖。

大家不止一次地想办法治她这心病，那么大的人了，看到一个小小毛虫，哭天抢地的，多丢人啊！早春的一天，男生把飘落的杨花坠偷偷地夹在她的书页里，待她走进教室，我们都屏气等着那心惊肉跳的一喊，不料什么声响也未曾听到。她翻开书，眼皮一翻，身子一软，就悄无声息地瘫倒在桌子底下了。从此我们再不敢锻炼她。

许多年过去，各自都成了家，有了孩子。一天，她到我家中做客，我下厨，她在一旁帮忙。我择青椒的时候，突然从旁钻出一条青虫，胖如蚕豆，背上还长着簇簇黑刺，好一条险恶的虫子。因为事出意外，怕那虫蜇人，我下意识地将半个柿子椒像拉了环的手榴弹扔出老远。

待柿子椒停止了滚动，我用杀虫剂将那虫子杀死，才想起酷怕虫的女友，心想刚才她一直目不转睛地和我聊着天，这虫子一定是入了她的眼，未曾听到她惊呼，该不是吓得晕厥过去了吧？

回头寻她，只见她神态自若地看着我，淡淡地说："一个小虫，何必如此慌张。"

我比刚才看到虫子还愕然地说："啊，你居然不怕虫子了？吃了什么抗过敏药？"

女友苦笑说："怕还是怕啊，只是我已经练得能面不改色，一般人绝看不出破绽。刚开始的时候，我就盯着一条蚯蚓看，因为我知道它是益虫，感情上接受起来比较顺畅。再说，蚯蚓是绝对不会咬人的，安全性较好……这样慢慢举一反三，现在我无论看到有毛没毛的虫子，都可以把惊恐压制在喉咙里。"

我说："为了一个小虫子，下这么大的功夫，真有你的。值得吗？"

女友很认真地说："值得啊。你知道我为什么怕虫子吗？"

我撇撇嘴说："我又不是你妈，怎么会知道啊！"

女友拍着我的手说："你可算说到点子上了，怕虫就是和我妈有关。我小的时候，是不怕虫子的。有一次妈妈听到我在外面哭，急忙跑出去一看，我的手背又红又肿，旁边两条大花毛虫正在缓缓爬走。我妈知道我被虫蜇了，赶紧往我手上抹牙膏，那是老百姓止痒解毒的土法。以后，她只要看到我的身旁有虫子，就大喊大叫地吓唬我……一来二去的，我形成了条件反射，看到虫子，就灵魂出窍。”

“后来如何好的呢？”我追问。依我的医学知识，知道这是将一个刺激反复强化，最后，女友就成了生理学家巴甫洛夫教授的例案，每次看到虫子，就恢复到童年时代的大恐惧中。世上有形形色色的恐惧症，有的人怕高，有的人怕某种颜色，我曾见过一位女士，怕极了飞机起飞的瞬间，不到万不得已，她是绝不搭乘飞机的。一次实在躲不过，上了飞机。系好安全带后，她骇得脸色刷白，飞机开始滑动，她竟号啕痛哭起来……中国古时的“一朝被蛇咬，十年怕井绳”说的也是这回事。只不过杯弓蛇影的起因，有的人记得，有的人已遗忘在潜意识的晦暗中。在普通人看来是微不足道的小事，对当事人来说，痛苦煎熬，治疗起来十分困难。

女友说：“后来有人要给我治，说是用‘逐步脱敏’的办法。比如先让我看虫子的画片，然后再隔着玻璃观察虫子，最后直接注视虫子……”

“原来你是这样被治好的啊！”我恍然大悟道。

“嗨！我根本就没用这个法子。我可受不了，别说是看虫子的画片了，有一次到饭店吃饭，上了一罐精致的补品。我一揭开盖，看到那漂浮的虫草，当时就把盛汤的小罐摔到地上了……”女友抚着胸口，心有余悸地讲着。

我狐疑地看了看自家的垃圾桶，虫尸横陈，难道刚才女友是别人的胆子附体，才如此泰然自若？我说：“别卖关子了，快告诉我你是怎样重塑了金身。”

女友说：“别着急啊，听我慢慢说。有一天，我抱着女儿上公园，那时她刚刚会讲话。我们在林荫路上走着，突然她说，妈妈……头上……有……她说着，把一缕东西从我的头发上摘下，托在手里，邀功般地给我看。我定睛一看，魂飞天外，一条五彩斑斓的虫子，在女儿的小手内，显得狰狞万分。

“我第一个反应是像以往一样昏倒，但是我倒不下去，因为我抱着我的孩子。如果我倒了，就会摔坏她。我不但不曾昏过去，神志也是从来没有的清醒。

“第二个反应是想撕肝裂胆地大叫一声。因为你胆子大，对于在恐惧时惊叫的益处可能体会不深。其实能叫出来极好，可以释放高度的紧张。但我立即想到，万万叫不得。我一喊，就会吓坏了我的孩子。于是我硬是把喷到舌尖的惊叫咽了下去，我猜那时我的脖子一定像吃了鸡蛋的蛇一样，鼓起了一个大包。

“现在，一条虫子近在咫尺。我的女儿用手指抚摸着它，好像那是一块冷冷的斑斓宝石。我的脑海迅速地搅动着。如果我害怕，把虫子丢在地上，女儿一定从此种下了虫子可怕的印象。在她的眼中，妈妈是无所不能无所畏惧的，如果有什么东西把妈妈吓成了这个样子，那这东西一定是极其可怕的。

“我读过一些有关的书籍，知道当年我的妈妈正是用这个办法，让我从小对虫子这种幼小的物体骇之入骨。即便当我长大之后，从理论上知道小小的虫子只要没有毒素，实在值不得大惊小怪，但我的身体不服从我的意志。我的妈妈一方面保护了我，一方面用一种不恰当的方式，把一种新的恐惧注入我的心里。如果我大叫大喊，那么这根恐惧的链条还会遗传下去。不行，我要用我的爱，将这铁环砸断。我颤巍巍伸出手，长大之后第一次把一只活的虫子捏在手心，翻过来掉过去地观赏着那虫子，还假装很开心地咧着嘴，因为——女儿正在目不转睛地看着我呢！

“虫子的体温，比我的手指要高得多，它的皮肤有鳞片，鳞片中有湿润的滑液一丝丝渗出，头顶的绒毛在向不同的方向摆动着，比针尖还小的眼珠机警怯懦……”

女友说着，我在一旁听得毛骨悚然。只有一个对虫子高度敏感的人，才能有如此令人震惊的描述。

女友继续说：“那一刻，真比百年还难熬。女儿清澈明亮的目光笼罩着我，在她面前，我是一个神。我不能有丝毫的退缩，我不能把我病态的恐惧传给她……

“不知过了多久，我把虫子轻轻地放在了地上。我对女儿说，这是虫子。虫子没什么可怕的。有的虫子有毒，你别用手去摸。不过，大多数虫子是可以摸的……

“那只虫子，就在地上慢慢地爬远了。女儿还对它扬扬小手，

说：‘拜……’

“我抱起女儿，半天一步都没有走动，衣服早已被黏黏的汗水浸湿。”

女友说完，好久好久，厨房里寂静无声。我说：“原来你的药，就是你的女儿给你的啊。”

女友纠正道：“我的药，是我自己给我的，那就是对女儿的爱。”

认识“三曹”

“三曹”指曹操、曹丕、曹植父子三人。曹操既是政治家，也是诗人。他的诗慷慨悲凉、气魄雄伟，用词朴实无华、不尚藻饰。“对酒当歌，人生几何”“老骥伏枥，志在千里；烈士暮年，壮心不已”等句，已成为千古传诵的名句。

曹丕的诗篇，自然清丽，感情委婉细致，音调和谐流转。代表作有《燕歌行》两首和《杂诗》两首。《燕歌行》是现存最早的完整的七言诗。

曹植的文学成就在“三曹”中最高，他的作品既重修饰，又保持刚健明朗之风，对五言诗的发展有显著影响，其代表作有《送应氏》《白马篇》等。

5. 旅行的趣味

⊙温皓翔

我是很爱待在家里的，斜阳一方暖暖映着，执笔写作，泡一壶清茶，闲闲地流着时光。可每当目光转向窗外时，便如闻吴侬细语于耳，见片片落叶于眼，忆斑驳宫殿于心，温缕缕光晕于指，忍不住便要去旅行，细品更好的趣味。

春日，于江南岸边游走。水墨画一般的景致里，泼一杯茶香缠绕于心。品小吃品茶点品风味，看渔船看轻柳看人生。乘船，站立于船头，风抚弄衣袖，欲吟瘦词，听竹声，执折扇。品悲欢品离合品缥缈，看岁月看白头看笑靥。有些暖和的天，只是深情的陪衬。权且休息的闲，只是旅行的茶点。青石板路上的诗卷，便也不枉人来此一次，不枉人从此患上了相思的病症。只说爱轻声细语，只说喜淡茶轻墨。远远的流水，带来新生的喜讯。浅浅笑着，叮叮咚咚，却还是保持着淑雅。旅行的趣味，便是让人来流连的吧。

夏日，在号称“避暑山庄”的胜地受这般炎热。暗暗不喜，却不免沉迷于古韵与历史。本想出去，眼睛却一直在简介与古廊间徘徊，脚却还不住地前行。暗暗自嘲：乐中有苦吧，乐中有苦吧。殊不知，我已不觉苦，只是沉于旅行。旅行的趣味，便是让人不觉外界的苦吧。

秋日，去围场满族蒙古族自治县的塞罕坝，过了百花大道，看各色的花，风中舞蹈，一种枯槁，一种生机。过了枫叶秋林，看落叶，黄叶一片片，交织出一片天。人所感觉的，并非凋落的悲戚，而是期望凤凰涅槃后更加美好的生命。回眸，是盈盈的绿，款款深情，款款落幕。一片草原，我相信每个人在春天所爱的，是“春风吹又生”。即使衰老，即使枯败，也要枕秋入眠，待春时，再醒，昭示天下它的生机。旅行的趣味，便是让人品味自然之哲吧。

冬日，踱步漠河，踏积琼碎玉。静坐，眺远方。绿色的丝绸挂在天上，淡淡的，由浅至深，一层一层，淡淡如仙，虚幻如神，在满天星幕与呼出的白气中，越来越神秘，仿佛是天神所披的绫罗绸缎，自带一种高华气质。

然而当地人却不似极光那般生人勿近，高高在上。漠河的雪是厚如棉被的。生活在哈尔滨的我，虽常见雪，却未曾见过如此之厚、如此莹白的雪。于是不顾一切扑入雪野，神魂颠倒，如梦如醉……待被母亲叫入温暖的饭店厅堂，热气包裹着身边的世界，自己却猛然一抖。低头，衣衫已湿得彻底。饭菜飘香中，我在屋角暖气旁瑟缩轻抖着烘烤。有人轻轻走来，飘出声音：“孩子，我帮你烘一烘衣服吧。”转头，见一位模样冷峻的男人，他那一道眉如剑；他手中递出的，是一件棉服："换上吧。"我轻声致谢；再抬头，正对那沉静的双眸，其中折射的光芒，有别于天上丝绸的华丽幽冷，却如雪域中的火焰，暖我。旅行的趣味，便是让人感受奇妙吧。

我爱旅行，路过一片叶，驻足看了好久；路过一朵花，驻足闻了好久；路过一缕光，驻足品了好久。旅行的缘由，也许是美感的召唤，抑或是自然的呼唤。它并不是用浅尝辄止的态度可以品尝的肤浅，而是一种刻骨铭心，与小楼生活的舒适不同的自由。所见的，是与家中不同的风土人情，是心中永远不散的旖旎。品茶韵江南，品古韵山庄，品生韵草叶，品光韵长夜。不同地域，不同情趣，不同民风。旅行的趣味，便在其中吧，便在其中吧。

（学生习作）

整本书阅读

猎人笔记

⊙〔俄国〕屠格涅夫

阅读导航

同学们，你们正如初升之阳，初中时代正是少年读书之时。金秋九月，大自然焕发生机，不禁让人生发出读书的意趣和对远方的向往。

你想了解异域风情吗？你想了解俄罗斯的风光和风土人情吗？那么，屠格涅夫的《猎人笔记》一定不可错过，他在游猎途中记下的点点滴滴，酿成一坛浓郁的美酒，让人手不释杯，读来又沉醉不已。

正如托尔斯泰所说："屠格涅夫的风景描写，是他的拿手本领。在他之后，没有人敢再下手碰大自然这样的对象了，他两三笔一勾，大自然就发出芬芳的气息。"如此评价恰恰说明了《猎人笔记》是俄罗斯自然风光的绝美诗篇，也奠定了其在俄罗斯文学史上的重要地位。

《猎人笔记》中四时的景色在纸上流淌，满载着生机和活力，迎面扑来。

同学们，你想深入浏览这绝美的风光吗？你想探究各色人物的内心世界吗？远方，不仅有绝美的风景，还有淳朴而热情的人们。在屠格涅夫灵动的文字中，绝妙的风光呼之欲出，五彩缤纷，展现出大自然的神奇魅力，字里行间无不流露出他对家乡美景的痴迷和沉醉，也表现了他对俄罗斯这片土地深沉的热爱。

自然孕育着生命，猎人已经整理好行囊，踏上了异域的旅程。亲爱的同学们，你们准备好了吗？

精彩选篇

霍尔和卡里内奇

凡是从波尔霍夫县来到日兹德拉县的人，对于奥廖尔省人和卡卢加省人的性质的显著差异，大概都会惊讶的。奥廖尔省的农人身材并不高大，背有点儿驼，神气阴郁，蹙着眉头看人，住在白杨木造的蹩脚的农舍里，服着劳役，他们不做买卖，吃得很不好，穿着草鞋；卡卢加省的代役租农民就不然，他们住的是松木造的宽敞的农舍，身材高大，眼色勇敢而愉快，面孔清爽而白皙；他们贩卖牛酪和柏油，每逢节日总穿长筒靴。奥廖尔省的村庄（我们现在说的是奥廖尔省的东部）大都位在耕地的中央、草草地改成污泥池的溪谷旁边。除了随时准备效劳的几株爆竹柳和两三株消瘦的白桦树之外，一公里内周围连小树也看不见一株；屋子紧靠着屋子；屋顶上盖着腐烂的麦秆。……卡卢加省的村庄就不然，大部分都围绕着树林；屋子的位置较为疏朗而整齐，屋顶上盖着木板；大门紧闭，后院的篱笆并不散乱，也不向外倾倒，不会招呼过路的猪进来做客。……在猎人看来，卡卢加省也较好。奥廖尔省再过五年光景，最后的树林和灌木丛林势将消失，沼地也将绝迹；卡卢加省就同它相反，林地绵延数百公里，沼地有数十公里，珍贵的松鸡尚未绝迹，温良的山鹬也还栖居着，忙碌的鹧鸪突然飞起，使得猎人和狗又欢喜又吃惊。

我有一次到日兹德拉县去打猎，在野外遇见卡卢加省的一个小地主波鲁德金，就和他相识了。他酷爱打猎，因此是一个出色的人。他的确也有一些弱点：例如，他曾经向省里所有的豪富女郎求婚，被人拒绝了，不准上门，便怀着悲痛的心情向所有的朋友和熟悉的人诉苦，一方面照旧把自己果园里的酸桃子和其他未成熟的果子当作礼物送给女郎的父母；他喜欢重复讲述同一个笑话，这笑话尽管波鲁德金先生自己认为极有意义，却实在从来不曾使任何人发笑过；他赞扬阿基姆·那希莫夫的文章和小说《宾那》；他说起话来口吃，他把他的狗称为天文学家；他把“但是”说成“但系”，他家里采用法国式烹调，这种烹调的秘诀，据他的厨子的理解，在于使每种食物的天然滋味完全改变；肉经过这能手的烹调带有鱼味，鱼带有蘑菇味，通心粉带有火药味；不过汤里面放的胡萝卜，全都是菱形的或梯形的。然而除了这些为数不多而又无关重要的缺点之外，波鲁德金先生，如前所说，是一个出色的人。

我同波鲁德金先生相识的第一天，他就邀我到他家里去宿夜。

“到我家里大约有五公里，”他说，“步行是太远了；让我们先到霍尔家去吧。”（读者谅必会允许我不照样传达他的口吃）

“霍尔是谁呀？”

“是我的佃农，……他家离这儿很近。”

我们就到霍尔家去。在树林中央整理过并耕作过的空地上，孤零零地耸立着霍尔的庄园。这庄园包括几间松木构成的屋子，用围墙联结起来，正屋的前面有一个用细柱子支撑着的敞棚。我们走进去，看见一个二十来岁的、身长貌美的青年小伙子。

“啊，菲嘉！霍尔在家吗？”波鲁德金先生问他。

“不在家。霍尔进城去了，”这青年露出一排雪白的牙齿，微笑着回答，“要准备马车吗？”

“是的，阿弟，要马车，还要给我们拿点克瓦斯来。”

我们走进屋子里去。圆木造成的清洁的壁上，一张苏兹达尔的图画也没有贴；在屋角里，在装着银质衣饰的沉重的圣像前面，点着一盏神灯；菩提树木的桌子是不久以前刮洗干净的；圆木条中间和窗子的侧框上，没有敏捷的茶婆虫钻来钻去；也没有沉思似的蟑螂隐藏着。那青年小伙子很快就拿着一只装满出色的克瓦斯的白色大杯子、一大块小麦面包和装着一打腌黄瓜的木钵子走出来。他把这些食物统统摆在桌子上了，身子靠在门上，然后带着微笑不时地向我们看。我们还没有吃完小菜，马车已经在阶前响动了。我们走出去。一个大约十五岁的、头发鬈曲、双颊嫣红的男孩子坐在车上当马车夫，很费力地勒住一匹肥胖而有斑纹的公马。马车的周围，站着相貌十分相像而又很像菲嘉的六个身材魁梧的小伙子。“都是霍尔的孩子！”波鲁德金说。“都是小霍尔，”菲嘉接着说，他已经跟着我们走出来，到了台阶上，“还没有到齐呢，波塔泼在林子里，西多尔跟老霍尔进城去了，……

当心啊，华西亚，”他转向马车夫，继续说，“要跑得快啊，载的是老爷呢。不过，开上土堆的时候要当心，走得慢些；不然，弄坏了车子，震坏了老爷的肚子！”别的小霍尔听到了菲嘉的俏皮话都微微一笑。“把天文学家载上去！”波鲁德金先生神气地喊一声。菲嘉兴匆匆地把那勉强含笑的狗高举在空中，把它放在车子里。华西亚放松了马缰绳。我们的马车开动了。“这是我的事务所，”波鲁德金先生指着一所矮小的房子，突然对我说，“要不要去看看？”“好吧。”“这事务所现在已经撤销了，”他说着，爬下车来，“可还是值得一看。”这事务所包括两个空房间。看守人，一个独眼的老头儿，从后院子里跑出来。“你好，米涅伊奇，”波鲁德金先生对他说，“水在哪儿啊？”独眼老头儿走了进去，立刻拿着一瓶水和两只杯子回来了。“请尝一尝，”波鲁德金对我说，“我这水是很好的泉水。”我们每人喝了一杯，这时候老头儿向我们深深地鞠一个躬。“唔，现在我们可以去了吧，”我的新朋友说，“在这事务所里我卖了四俄亩（约六十五亩）林地给商人阿利鲁叶夫，得到好价钱呢。”我们坐上马车，过了半个钟头，已经开进领主邸宅的院子里了。

“请问，”晚餐的时候我问波鲁德金，“为什么您的霍尔跟您其他的佃农分开住呢？”

“是这么一回事：他是一个聪明的佃农。大约二十五年前，他的屋子给火烧了；他就跑来对我先父说：‘尼古拉·库齐米奇，请您允许我迁居到您林子里的沼地上去吧。我会付高价的代役租给您。’‘你为什么要迁居在沼地上呢？’‘我要这样；只是您哪，尼古拉·库齐米奇老爷，请您不要派我做任何工作，至于多少代役租，由您决定好了。’‘每年五十卢布！’‘好吧。’‘我可是不准欠租的！’‘当然，决不欠租……’这样，他就迁居在沼地上了。从这时候起，人家就给他取个外号叫霍尔。”

“那么，他现在发财了吗？”我问。

“发财了。他现在付给我一百卢布的代役租，我也许还要涨价呢。我几次三番对他说：‘赎了身吧，霍尔，喂，赎了身吧！……’可是他这个滑头，咬定没有办法；说是没有钱，……其实不见得是真的呢！……”

第二天，我们喝过了茶，立刻又出发去打猎。经过村里的时候，波鲁德金先生吩咐马车夫在一所低低的农舍旁边停了车，大声地叫唤：“卡里内奇！”“马上来了，老爷，马上来了，”从院子里传出声音来，“我在缚草鞋呢。”我们的车子就慢慢地开了；开出村子以后，一个四十岁左右的、身材瘦长、小小的头向后仰起的人赶上了我们。这就是卡里内奇。他那和善的、黝黑的、有几处麻斑的脸，使我一见就喜欢。卡里内奇（我后来才知道）每天陪主人去打猎，替他背猎袋，有时还背枪，侦察鸟在哪里，取水，采草莓，搭棚，跟着马车跑；没有了他，波鲁德金先生一步也走不动。卡里内奇是一个性情最愉快、最温顺的人，嘴里不断地低声唱歌，无忧无虑地向四处眺望，说话略带鼻音，微笑的时候总是眯着淡蓝色的眼睛，又常常用手去摸他那稀疏的尖胡子。

他走路不快，但是步子很大，轻轻地拄着一根细长的拐杖。这一天他同我谈了好几次话，伺候我的时候毫无卑屈的态度；但是他照顾主人，像照顾小孩一样。当正午的难堪的炎热逼得我们不得不找寻荫庇处的时候，他引导我们到树林深处他的养蜂房那里去。卡里内奇替我们打开了一间挂着一束束干燥的香草的小屋，叫我们躺在新鲜的干草上，自己头上戴了一只有网眼的像袋一样的东西，拿了刀子、罐子和燃着的木片，到养蜂房里去替我们割蜜。我们和着泉水，喝了透明而温暖的蜜汁，就在蜜蜂的单调的嗡嗡声和树叶的簌簌的絮语声中睡着了。——一阵微风把我吹醒。……我睁开眼睛，看见卡里内奇：他坐在半开的门的门槛上，正在用刀子雕一个瓢。我对他的像傍晚的天空一般温和而明朗的脸欣赏了好一会儿。波鲁德金先生也醒来了。我们并不立刻起身。在长久的步行和沉酣的睡眠之后一动不动地躺在干草上，觉得很适意：浑身舒服而疲倦，脸上发散出轻微的热气，甘美的倦怠使人睁不开眼睛。终于我们起来了，又去散步，直到傍晚。晚餐的时候，我又谈到霍尔，还谈到卡里内奇。“卡里内奇是一个善良的庄稼汉，”波鲁德金先生对我说，“一个勤恳而殷勤的庄稼汉；但系他不能够好好地务农，因为我老是拖走他。他每天陪我去打猎，……怎么还能够务农呢，您想。”我同意了他的话，我们就睡觉了。

下一天，波鲁德金先生为了和邻人比朱可夫打官司，必须进城去。我一个人出去打猎，傍晚以前到霍尔家去看看，在门口看到一个秃头的、矮身材的、肩胛宽阔而体格结实的老头儿——这就是霍尔本人。我带着好奇心看看这个霍尔。他的相貌很像苏格拉底：高高的有疙瘩的前额，小小的眼睛，翻孔的鼻子，都同苏格拉底一样。我们一同走进屋子里。前天见过的菲嘉拿出牛奶和黑面包来给我吃。霍尔坐在长凳上了，异常沉着地抚摩着他的鬈曲的胡须，同我谈起话来。他似乎感觉到自己身份的优越，说话和行动都慢吞吞，有时在长长的口髭底下露出微笑。

我同他谈到播种，谈到收获，谈到农家的生活。——他对于我的话似乎一直表示赞同；只是后来我倒不好意思起来，我觉得我说的话不恰当。……我们的谈话似乎有些异样了。霍尔说话有时很奥妙，大约是小心的缘故。……下面便是我们的谈话的一例：

“我问你，霍尔，”我对他说，“你为什么不向你的主人赎身呢？”

“我为什么要赎身？现在我和我的主人相处得很好，我的代役租也能照付，……我们的主人很好。”

“可是一个人总是自由的好。”我说。

霍尔斜看我一眼。

“那当然。”他说。

“那么，你为什么不赎身呢？”

霍尔摇摇头。

“老爷，你叫我拿什么来赎身呢？”

“唉，得了吧，老头儿……”

“霍尔要是做了自由人，”他低声地继续说，仿佛是自言自语，“凡是没有胡子的人，就都管得着霍尔了。”

“那么，你也可以把胡子剃掉。”

“胡子算得了什么？胡子是草啊，要割掉也可以的。”

“那还说什么呢？”

“也许霍尔还是索性做了商人；商人生活过得好，而且也留胡子。”

“怎么，你不是已经在那里做生意了吗？”我问他。

“那不过是稍微贩卖些牛酪和柏油。……怎么样，老爷，要不要准备马车？”

“你这个人说话好谨慎，心里很狡猾呢。”我这样想。

“不，”我说，“我不需要马车；明天我想在你这庄园近旁走走，如果你允许的话，我想在你的干草屋里过夜呢。”

“很欢迎。可是你住在干草屋里怕不舒服吧？让我吩咐娘儿们替你铺床单，放枕头。喂，娘儿们！”他站起身来，叫道，“娘儿们，过来！……菲嘉，你和她们同去吧。”

过了一刻钟，菲嘉提着灯笼领我到干草屋里去。我投身在芬芳的干草上了，狗在我脚边蜷做一团；菲嘉向我道了晚安，“呀”的一声，门就关上了。我有很久睡不着。一头母牛走到门边来，大声地喷了两口气；狗威严地向它狂吠起来；一只猪一股心思地哼着，从屋边走过；附近不知什么地方有一匹马嚼起干草来，打着响鼻……我终于打起盹来。

清早，菲嘉叫醒了我。这个愉快而活泼的小伙子我觉得非常可爱；而且，据我所见，他也是老霍尔的宠子。两人常常很亲睦地互相搭讪。老头儿出来招呼我。不知道是我在他家里过了夜的缘故，还是另有别的缘故，霍尔对待我比昨天亲切得多了。

“茶炊已经替你准备好了，”他微笑着对我说，“我们去喝茶吧。”

我们坐在桌子旁边了。一个强壮的农妇拿来了一罐牛奶。他的全班儿子一个个走进屋里来。

“你真是儿孙满堂！”我对老头儿说。

“嗯，”他咬下一小块糖，说，“他们对我和老妻倒似乎没有什么可以抱怨的。”

“他们都跟你住在一起吗？”

“是的。他们自己都要跟我住在一起，也就住在一起了。”

“都娶亲了吗？”

“就这一个，顽皮东西，还没有娶亲，”他指着菲嘉回答我说，菲嘉又照老样子靠在门上了，“华西亚，他年纪还小，可以不忙。”

“我为什么要娶亲？”菲嘉回驳他，“我还是这样的好。我要老婆做什么？要来同她吵架，是不是？”

“嘿，你这东西，……我知道你的！我知道你的，你这懒虫！”

“老婆有什么好处呢？”

“老婆是劳工，”霍尔认真地说，“老婆就是庄稼汉的仆人。”

“我要劳工做什么呢？”

“不用说啦，你是喜欢不劳而获的。你们这种人的心事我们都懂得。”

“既然这样，那你就给我娶亲吧。咦？怎么了！你为什么不开口？”

“唉，得了，得了，你这顽皮家伙。你瞧，我们把老爷吵得心烦了。我会给你娶亲的，别担心。……老爷，请你别生气。孩子年纪小，还不懂得规矩。”

菲嘉摇摇头。……

“霍尔在家吗？”门外传来熟悉的声音，卡里内奇走进屋子来，手里拿着一束野莓，这是他采来送给他的好友霍尔的。老头儿殷勤地迎接他。我吃惊地望望卡里内奇，我实在料不到农人也有这种“温情”。

我这一天出门打猎，比平常迟了大约四个钟头；此后的三天，我都住在霍尔家里。我这两个新相识引起了我的兴味。不知道我凭什么取得了他们的信任，他们都毫无拘束地跟我谈话。我津津有味地听他们的话，观察他们。这两个朋友毫无一点类似的地方。霍尔是积极的、实际的人，有办事的头脑，是一个纯理性的人；卡里内奇同他相反，是属于理想家、浪漫主义者、热狂而好幻想的人物之类的。霍尔能理解现实，所以他造房子，积钱财，跟主人和其他有权势的人和睦相处；卡里内奇则穿着草鞋，勉强度着艰苦的日子。霍尔有一个人丁兴旺、驯服和睦的大家庭；卡里内奇曾经有过老婆，可是他怕她，而且孩子一个也没有。霍尔看透波鲁德金先生的为人；卡里内奇则崇拜他的主人。霍尔爱卡里内奇，常常庇护他；卡里内奇爱霍尔，并且尊敬他。霍尔很少讲话，脸上现出微笑而肚子里做功夫；卡里内奇说话带着热情，却并不像伶俐的工厂人员那么花言巧语。……但是卡里内奇有种种特长，这是霍尔也承认的；例如：他能用奇特的方式止血、镇惊、愈疯，他又能除蛆；他养蜜蜂容易成功，他的手是吉利的。霍尔当我面前要求他把新买来的马带进马厩里去，卡里内奇就诚恳地、一本正经地履行这老怀疑家的嘱托。卡里内奇接近于自然，霍尔则接近于人类和社会。卡里内奇不喜欢议论，盲目地信任一切；霍尔则眼光很高，甚至有玩世不恭的态度。他见得很多，知道得很多，我跟他学得了不少知识。例如：我从他的叙述中知道，每年夏天割草以前，必有一辆样式特殊的小马车开到各个村子里来。这马车里坐着一个穿长襟外衣的人，在卖大镰刀。倘是现金，每把收一卢布二十五戈比至一个半卢布的纸币；倘是赊账，则收三卢布纸币，一个银卢布。当然，所有的农人向他买镰刀的时候都赊账。过了两三个星期，这个人又出现，来收账了。农人刚刚收割燕麦，所以都能够付账；农人同这商人到酒店里去，就在那里付清账款。有些地主想自己用现金把镰刀买进，然后赊售给农人们，取同样的价钱；哪知农人们很不满意，甚至没精打采。因为本来他们可以用手指弹弹镰刀，听听声音看，把它拿在手里翻来覆去，无数遍地质问那奸猾的贩子：“喂，小伙子，这镰刀不大好吧？”——向地主买便丧失了这种乐趣。在买小镰刀的时候，也有这同样的把戏，所不同的，这时候还有女人参与其事，有时弄得那贩子没有办法，不得不用拳头教训教训她们。但是最使得女人们吃亏的，是下面所说的事：造纸厂的原料采办人委托一种特殊的人去收购破布，这种人在某些县里被称为“鹰”。这种“鹰”从商人那里领得了大约两百卢布的纸币，就出门去找求获物。但是他和他被称呼的那种高尚的鸟完全不同，并不公然地、大胆地来袭击，反之，这种“鹰”却运用狡诈和奸计。他把他的车子停在村庄附近的丛林里，自己走到人家的后院或后门口去，装作是一个过路人或者只是一个闲散人的样子。女人们凭感觉猜测到他来了，就偷偷地出去同他会面。交易匆匆地完成。女人为了几个铜币，不但把一切无用的破布卖给这“鹰”，又常常连丈夫的衬衫和自己的裙子也都卖给他。但是农人也学乖了，略有一点儿可疑，稍微听到一点“鹰”来到的风声，他们立刻敏捷地从事戒备和预防。像这样的故事，我这阅世不深、对乡村生活不“老练”（像我们奥廖尔省人所说）的人，实在听到了不少。但是霍尔并不只是自己讲，他也问了我不少话。他知道我曾经到过外国，他的好奇心便勃发了。……卡里内奇也不比他差。但是卡里内奇所最感兴味的，是关于自然、山、瀑布、特殊的建筑物、大都市的话；而霍尔所感到兴味的，是行政和国家的问题。他总是有条有理地发问：“他们那里也同我们这里一样，还是两样的？……喂，请告诉我，老爷，是怎么样的？……”“啊！哦，天哪，有这种事！”我叙述的时候卡里内奇这样惊叹；霍尔则不开口，锁着浓眉，只是偶尔说：

“这在我们这里行不通呢，这倒是好的——这很合理。”我不能把他的一切问话都传达给你们，而且也没有这必要；但是从我们的谈话中，我得到了一个信念，这恐怕是读者怎么也预料不到的，这信念就是：彼得大帝本质上是俄罗斯人，正是在他的改革中看得出他是俄罗斯人。俄罗斯人那么确信他自己的力量和坚毅，连折磨自己都情愿：他很少留恋过去，而勇敢地向前面看。凡是好的他都喜欢，凡是合理的他都接受，至于这是从哪里来的，他一概不问。他的健全的思想喜欢嘲笑德国人的枯燥的理性；但是照霍尔所说，德国人是富于好奇心的小民族，他准备向他们学习些。霍尔凭借他自己的地位的特殊性和实际上的独立，跟我谈了许多在别人是农人们所谓压也压不出、挤也挤不出的话。他的确很明白自己的地位。我和霍尔谈话，才第一次听到了俄罗斯农民的纯朴而聪明的言语。他的知识，就他的身份而论，是非常广博的，但是他不识字；卡里内奇却会。“这浪子会识字呢，”霍尔说，“他养蜜蜂也顺利，从来不死的。”“你的孩子们你都给他们识字吗？”霍尔沉默了一会儿，说：“菲嘉识的。”“别的呢？”“别的都不识。”“为什么呢？”老头儿不回答，把话头转到别处去了。然而，不管他多么聪明，他也有许多执拗和偏见。例如，他从心底里看轻女人，而在他心情愉快的时候就嘲笑和侮辱她们。他的妻子是一个喜欢吵闹的老太婆，一天到晚不离开炕上，不断地发牢骚，骂人；儿子们不去理睬她，但是她使得媳妇们像敬神一样怕她。怪不得在俄罗斯的小曲里婆婆这样唱：“你怎么做我的儿子，你怎么做当家人！”我有一次曾经想庇护媳妇们，企图唤起霍尔的怜悯心；但是他坦然地回驳我说：“你何苦管这种……小事，——让女人们去吵架吧。……劝解她们反而不好，也犯不着自讨烦恼。”有时这凶恶的老太婆走下炕来，从穿堂里叫出看家狗来，喊它：“过来，过来，狗儿！”就用拨火棍殴打狗的瘦瘦的背脊；或者站在敞棚底下，对所有的过路人——如霍尔所说——“骂街”。可是她怕她的丈夫，他发一个命令，她就回到自己的炕上去了。但是特别有趣味的，是听卡里内奇和霍尔谈到波鲁德金先生时的争吵。“哼，霍尔，在我面前你不要议论他。”卡里内奇说。“那么他为什么不给你做靴子呢？”那一个反驳。“嗨，靴子！我要靴子做什么用？我是个庄稼汉……”“我也是个庄稼汉呀，可是你瞧……”说到这里，霍尔就举起脚来，把那双仿佛是巨象皮制的靴子给卡里内奇看。“唉，你是和我们不同的啊！”卡里内奇回答。“那么，至少草鞋钱总得给你，你是陪他去打猎的呀；大约一天要一双草鞋吧。”“他给我草鞋钱的。”“是的，去年赏了你一个十戈比银币。”卡里内奇恨恨地把脸扭开去，霍尔放声大笑起来，这时候他的一双小眼睛完全消失了。

卡里内奇唱歌唱得很悦耳，他还弹了一会儿三弦琴。霍尔听他弹，听着听着，忽然侧转了头，跟着他唱出悲哀的声音来。他特别喜欢《我的命运啊，命运！》这支歌。菲嘉不放过取笑父亲的机会。“老人家，你怎么感伤起来了？”霍尔只管用手托着面颊，闭着眼睛，继续诉说他自己的命运。……可是在别的时候，没有人比得上他的勤勉：他不绝地摸摸索索——修理马车呀，支撑栅栏呀，检查挽具呀。然而他不大保持清洁，有一次我提到了，他回答我说："屋子里应该有住人的气味。"

"你看，"我回驳他，"卡里内奇的蜂房里多么清洁。"

"蜂房里倘不清洁，蜜蜂就不肯住了，老爷。"他叹一口气对我说。

"请问，"又有一次他问我，"你有世袭领地吗？""有的。""离这儿远吗？""大约一百俄里。""那么，老爷，你住在自己的世袭领地上吗？""是啊。""大概弄枪的时候多吧？""的确是这样。""那很好，老爷；你就打打松鸡吧，可是村长得常常调换。"

第四天傍晚，波鲁德金先生派人来接我。我跟老头儿分别，觉得很可惜。我和卡里内奇一同坐上马车。"再见了，霍尔，祝你健康，"我说，……"再见，菲嘉。""再见，老爷，再见，别忘记我们。"我们动身了。晚霞刚刚发出红光。"明天准是好天气了。"我看看明朗的天空，这样说。"不，要下雨了，"卡里内奇回驳我，"因为那边的鸭子在泼水，而且草的气息很浓烈。"我们的车子开进了丛林。卡里内奇坐在驾车台上，身体颠动着，嘴里轻轻地唱起歌来，一面不绝地眺望着晚霞。……

下一天，我离开了波鲁德金先生的好客的家。

（丰子恺/译　有删改）

阅读规划

我们阅读一部书，有很多阅读方法供我们选择。根据兴趣或者读书的目的不同，我们可以分别采取精读和跳读的方法。

精读就是细读、精思、鉴赏。屠格涅夫极擅长描写自然风景，你可以和小说中的那个“我”一起，在广阔的俄罗斯丛林里，在辽阔的俄罗斯草原上，一路走着，听着，欣赏着……如果你想了解异域的人们，你还会偶遇或寻访到许许多多的人：有总是“带着嘲笑神气”的专职猎人，有夜牧看星的孩童，有白桦树一样正直的守林人，有痴迷于唱歌的乡野村夫，有各式各样苦难不尽相同的农民，还有形形色色的各式地主……这些内容，你可以反复阅读，做一些摘录，丰富和强化自己的阅读感受。

跳读也是一种阅读方法。跳读是指跳过与阅读目的无关或自己不感兴趣的内容，也可以跳过某些不甚精彩的章节。跳读并不是不读，而是以一目十行、快速浏览的方式加快阅读速度，并在这个过程中捕捉自己感兴趣的内容进行精读。例如，《猎人笔记》中的《且尔托泼哈诺夫的末路》这一章很长，共有十六节。第一节中说“最初来袭击他的灾难，是他感到最伤心的：玛霞离开了他”，那么，接下来“袭击”他的是什么呢？此时就可以运用跳读的方法快速浏览后面的“得马——失马——找马”的过程，等浏览到“假马——杀马——死亡”（第十四、十五、十六节）的内容时则可以放慢阅读速度，因为这些内容能告诉你“结局”是什么。

什么时候精读，什么时候跳读，这是因人而异的。建议同学们根据自己确定的阅读重点，选择适合自己的阅读方法，利用 3 ~ 4 周的时间阅读该书并完成下面的读书卡片。

阅读篇目	阅读时间	阅读时长	提要摘记	阅读心印（可从文章主题、人物、语言、环境等方面写出你的收获）
霍尔和卡里内奇				
叶尔莫莱和磨坊主妇				
莓泉				
县城的医生				
我的邻居拉其洛夫				
独院地主奥夫谢尼科夫				
里郭甫				
白净草原				
美人梅奇河的卡西央				
总管				
事务所				
孤狼				
两地主				
列别强				
塔佳娜·鲍利索夫娜和她的侄儿				

（续表）

阅读篇目	阅读时间	阅读时长	提要摘记	阅读心印（可从文章主题、人物、语言、环境等方面写出你的收获）
死				
歌手				
彼得·彼得罗维奇·卡拉塔叶夫				
幽会				
希格雷县的哈姆莱特				
且尔托泼哈诺夫和聂道比斯金				
且尔托泼哈诺夫的末路				
活尸首				
车轮子响				
树林和草原				

交流平台

任务一：“我”在俄罗斯大地一路走过去，欣赏到了许许多多的奇异风光。山川、湖泊、丛林、草原……它们千姿百态；春夏秋冬、风雨雷电、蓝天白云……它们气象万千。请你选择某处（或某些）你喜欢的风景描述给大家听。

提示：1. 把你摘录的描写风景的语句或者段落朗诵给同学们听，并给出你喜欢的理由。

2. 讨论、交流并总结作者是如何进行景物描写的。

任务二：《猎人笔记》塑造了许许多多的人物，有农民、地主、管家、工人、学生、流浪汉、山贼等，他们共同构成了俄罗斯那个时代的群像。那么，哪个人物让你印象深刻，让你有说点什么的冲动？请写一篇短文，说说你对那个人物的看法。

提示：1. 想象着“那个人物”就在你面前，你是在面对面跟他（她）说话。说话时用“你”称呼那个人物，如：“孤狼，我想跟你说，你……”

2. 能引用小说中的某些细节来表达你对这个人物的印象。

3. 尝试着说出你对这个人物或好恶，或同情，或憎恨的情感及理由。

敬启

为编好这本书，我们与收入本书的作品（含图片）作者进行了广泛联系，得到了各位作者的大力支持。在此，我们表示衷心的感谢。但是，由于个别作者地址不详，虽经多方努力，仍无法取得联系。敬请各位有著作权的作者尽快与我们联系，以便我们支付稿酬，并致谢忱！

我们还要感谢使用本书的师生们。希望你们在使用本书的过程中，能够及时把意见和建议反馈给我们，对此，我们深表谢意，并将给予一定奖励。让我们携起手来，共同完成本书的建设工作。

联 系 人：梁老师　张老师

联系电话：010-58022100

联系邮箱：ztxx2008@sina.com

网　　址：http://www.ywztxx.com

地　　址：北京市海淀区知春路7号致真大厦A座18层

图书在版编目（CIP）数据

百味人生 / 刘颖异主编. — 上海 : 上海教育出版社, 2021.6

ISBN 978-7-5720-0815-3

Ⅰ. ①百… Ⅱ. ①刘… Ⅲ. ①阅读课—初中—教学参考资料 Ⅳ. ①G634.333

中国版本图书馆CIP数据核字（2021）第142047号

责任编辑　朱剑茂　顾　翊
封面设计　陈丽娟　王艺霖
著作权人　北京华樾教育科技有限公司

百味人生

刘颖异　主编

出版发行　上海教育出版社有限公司
官　　网　www.seph.com.cn
地　　址　上海市永福路 123 号
邮　　编　200031
印　　刷　阳谷毕升印务有限公司
开　　本　720 × 1010　1/16　印张 66
字　　数　900千字
版　　次　2021年8月第1版
印　　次　2021年8月第1次印刷
书　　号　ISBN 978-7-5720-0815-3/G · 0631
定　　价　268.00元

如发现质量问题，请向本社调换　　电话 021-64377165